なつかしくてあたらしい、白崎茶会のオーガニックレシピ

かんたんデザート

白崎裕子

WAVE出版

はじめに

「デザートがあるよ」
これは魔法の呪文です。
これを食事中に唱えると、おいしい料理はさらにおいしく、まあまあの料理も、それなりにおいしくなるから不思議です。
子どもたちは、嫌いなピーマンを口に入れ、旦那さんは、お皿を運んでくれるかもしれません。
もちろん、自分のためだけに、心で唱えてもいいのです。

「デザートがあるよ」
この呪文を、誰でも「かんたん」に唱えられるように、本書は最善を尽くしました。

なかなか手が出ない大きなみかんや、酸っぱすぎるいちご、フカフカしたりんごに、ビンの底でかたまったコーヒーも、

あっという間においしいデザートに変身します。

副材料は、豆乳、寒天、くず粉、植物油など。

甘味量は好みのものを選べますし、甘さの調節もかんたん。

同じような材料で、プリンもババロアもアイスも作れます。

軽やかなデザートは、食後に食べてもお腹にもたれません。

生活のすき間にちょっと考え、夕食のついでに作れるもの。

家でしか食べられないもの。自分にとって安心なもの。

一番最後に食べる食事のしめくくり。

これが本書のデザートです。

この本を読んでくれた人が魔法の呪文を唱え始めたら！

そう考えただけで、ワクワクして眠れなくなりそうです。

CONTENTS

はじめに —— 02

ゼリー

● 季節のゼリー
　真っ赤ないちごゼリー —— 08
　甘夏クラッシュゼリー —— 12
● 定番ゼリー
　コーヒーゼリー —— 14
　ジャスミンレモンゼリー —— 16
● 季節のゼリー
　ワインとぶどうのゼリー —— 18
　りんごくずゼリー —— 20
● 定番デザート
　りんごの杏仁豆腐 —— 22
　抹茶ゼリー —— 26
● なつかしデザート
　さつま芋かん —— 28
　[ゼリーの食べ方]
　クリームゼリー・和ゼリー —— 30
　贅沢杏仁豆腐 —— 31
　[ゼリーの友]
　芋だんご —— 32
　つぶあん・皮ごとこしあん —— 33

フルーツのデザート

● スピードデザート
　キャラメルりんご —— 36
● シンプルデザート
　春のフルーツマリネ —— 38
　夏のフルーツマリネ —— 38
● 焼きデザート
　フルーツクランブル —— 40
● とろとろムース
　アボカドチョコムース —— 42

アイスクリーム

● 基本のアイス
　豆乳バニラアイスクリーム —— 92
● アレンジアイス
　ラズベリーアイスクリーム —— 96
　チョコレートアイスクリーム —— 96
　アイスクリームの
　　かんたんアレンジ —— 98
　ココナッツアイスクリーム —— 100
　ラムレーズン —— 102
　キャラメルクリームソース —— 102
　パリパリチョコソース —— 102
　キャラメルナッツと
　　メープルナッツ —— 103
　ビターチョコクッキーと
　　クッキークランチ —— 103
　[アイスの友]
　アイスクリームのお話 —— 104
● 濃厚アイス
　フローズンヨーグルト —— 106
　甘酒アイスキャンディー —— 108
● 型抜きアイス
　アイスキャンディーの
　　かんたんアレンジ —— 110
　[アイスの食べ方]
　パフェ —— 112
　アイスサンド —— 113

プリンとババロア

● 焼きデザート
　いちごバナナムース — 42
　りんごのヨーグルトフラン — 44
　ラズベリーのクラフティー — 48
　[デザートの友]
　豆腐ガナッシュクリーム — 50
　ヨーグルトホイップクリーム — 51
　ココナッツミルククリーム — 51

● 上級デザート
　[クリームの食べ方]
　クリーム×フルーツ — 52
　ふわふわいちごムース — 54

● 魔法のチョコ
　[PICK UP] ココナッツオイルのお話 — 56
　ココナッツオイルの生チョコ — 58
　生チョコのかんたんアレンジ — 62

● 基本のプリン
● 定番プリン
　豆乳プリン — 66
　メープルチョコプリン — 70
　甘酒プリン・りんごソース — 72
　[プリンの友]
　黒みつ — 74
　りんごソース・いちごソース — 75
● 型抜きプリン
　ココナッツクリームプリン — 76
● 季節のプリン
　マンゴープリン — 80
　かぼちゃの焼きプリン — 82
　カスタードプリン — 84
● 魔法のプリン
● 上級デザート
　抹茶ババロア — 88

困ったときのお助けメモ — 114
デザート作りに役立つ7つ道具 — 115
材料紹介 — 116
おわりに — 118

デザート作りをはじめる前に

🍳 ＝ デザート作りにかかる時間の目安です。冷蔵庫で冷やしかためる時間は入っていません。

🥤 ＝ 各道具の使用時間の目安です。ミキサーやフードプロセッサーは、短く何度か回してなじませたあと、ガーッと回しましょう。本書で使用しているオーブンは1400Wのものです。オーブンによって焼成温度と時間は調節してください。

Q ＝ 教室でよく受ける質問を紹介しています。「困ったときのお助けメモ」(P.114)も参考にしてください。

＊本書で使用している計量スプーンは、すりきりで大さじ＝15cc、小さじ＝5cc。
＊計量の仕方＝デジタルのはかりが便利です（P.115）。
＊保存の目安＝ゼリーは冷蔵庫で3〜4日、くずしたらその日中に食べましょう。
　プリン・ババロアは冷蔵庫で2〜3日。フルーツのデザートはできるだけその日中に。
　チョコレートはP.61、アイスクリームはP.104を参考にしてください。
＊おすすめの材料＝P.116、117で紹介しています。

Jelly

ゼリー

ゼリーは実はとっても贅沢なデザートなのです。
季節の果物や香り高いお茶をたっぷり使ったゼリーは、
お店で買ったものとは、味も香りも、まるで違います。

春にはいちご、秋にはぶどう、冬にはりんご。
一番おいしい時期に作り、毎年その季節を心待ちにする。
そんな楽しさを、ぜひ味わってみてください。

抹茶は深みのあるグリーンに、りんごはきれいな淡黄色に、
赤いいちごはもっと赤く、甘夏は輝くようなオレンジ色に。
ハッとするほど美しい色に仕上げましょう。

● 季節のゼリー

真っ赤ないちごゼリー

「なるべく少ない量の寒天を完全に煮溶かす」これが寒天でゼリーをおいしく作るポイントです。粉寒天は、水で少しふやかしてから煮るときれいに溶けて、少量ですむのでかたすぎず、クセのない透明感のあるゼリーができます。もう1つのポイントは、かたまるまで決して動かさないこと。特にこのいちごゼリーの寒天量は、ゼリーがかたまるギリギリの分量になっているので、かたまりかけで動かすと食感が悪くなってしまいます。
あらかじめ、いちごの香りをはちみつに移しておくことによって、ゼリーの部分もいちごの味と香りになり、ハイビスカスの酸で寒天がやわらかくなって、ふるふるの食感が生まれます。

> 真っ赤でふるふる、
> ゼリーのところもいちご味。
> 甘い香りがいっぱいに広がります。

ラズベリーで作っても
すごくおいしい！

15分

Q ゼリーがかたまりません。　　寒天がしっかり溶けていないと、かたまりが悪くなってしまいます。
3分加熱する間、常にフツフツしているように注意して煮ましょう。

◎真っ赤ないちごゼリーの作り方

材料（6人分）

いちご（冷凍でもよい）…200g

Ⓐ 水…400cc
　粉寒天…小さじ1（2g）

Ⓑ はちみつ（またはアガベシロップ）
　　　…大さじ4（お好みで調節）
　レモン果汁…小さじ2（10g）

ハイビスカスティー…小さじ2（3g）

1 寒天をふやかす

小鍋にⒶを入れ、5分ほど置く。

2 香りを移す

バットにカットしたいちごとⒷを入れ、よく混ぜ、香りをはちみつに移しておく。

小さめのバットが大活躍！

本書のホーローバットは「野田琺瑯」レクタングル浅型M・L、深型Mを使用

{ POINT }

- ハイビスカスティーを加えて、もう1分
- グラグラっと沸かしたあとは弱火でフツフツ、かき混ぜながら2分
- いちごから水が出て、味と香りが全体に移り、それをゼリーにすることで、ゼリーの部分もいちご味になる
- 冷凍いちごの場合は、細かくカットするとおいしくできる

おいしいアレンジ

「ラズベリーのゼリー」(P.8)
レモン果汁なしで同様に作る。【いちご150g＋ラズベリー50g】にする場合は、レモン果汁を小さじ1（5g）減らす。

・・・

おいしい食べ方

豆乳バニラアイスクリーム(P.92)や豆乳ヨーグルト（自然食品店などで販売している）と一緒に食べる。

・・・

かんたんアレンジ

写真の真っ赤ないちごゼリーは、浅型Lのバットで作っているが、浅型M（P.13やP.23など）でも作れる。

---

3 煮る

1を中火にかけ、グラグラっと沸騰したら〈写真〉素早く弱火にし、かき混ぜながら2分加熱し、ハイビスカスティーを加えて、さらに1分加熱する。

4 こす

3を茶こしでこし、粗熱を取る（冷ましすぎない）。

5 合わせる

4を2のバットに流しこみ、よく混ぜ、冷蔵庫で冷やしかためる。

6 完成

スプーンを入れたとたん、みるみるやわらかくなるので、一度に食べない場合は、小さなグラスに注ぎ分けてかためる。

{ PICK UP }

はちみつとアガベシロップ

アガベシロップ大さじ1（20g）と、はちみつ大さじ1（22g）は同じくらいの甘さです。はちみつは「アカシアのはちみつ」がおすすめ。アガベシロップと同様、低GIの甘味料でクセがなく、透明感のあるデザートができます。メープルシロップを使う場合は、クセのないライトタイプがおすすめ。はちみつやアガベシロップより甘味が弱いので少し多めに入れましょう。

ハイビスカスティーも有機のおいしいものを

● 持ち運べるゼリー

甘夏クラッシュゼリー

Jelly

いろんなみかんで作れます。
大きなみかんと目が合ったらこのゼリーを。

かたくて水分が出にくいゼリーなので携帯にも便利。フォークでくずすと甘夏の水分がドッと出てやわらかくなりますので、食べる直前にクラッシュしましょう。甘夏がたくさんあれば、みかんジュースの部分も甘夏の搾り汁で作れます。

15分

材料（6人分）

- 甘夏…2個（正味300〜350g）
- Ⓐ 水…250cc
   粉寒天…小さじ1（2g）
- Ⓑ はちみつ（またはアガベシロップ）…大さじ5
   みかんジュース…100cc

1 小鍋にⒶを入れ、5分ほど置く。

2 バットに皮をむいた甘夏とⒷを入れ〈a〉、よく混ぜ、香りをはちみつに移しておく。

3 1を中火にかけ、グラグラっと沸騰したら弱火にし、かき混ぜながら3分加熱する。

4 3を2のバットに流しこみ〈b〉、よく混ぜ、粗熱を取って、冷蔵庫で冷やしかためる。

おいしいアレンジ
いよかん・河内晩柑で→レモン果汁を足し、同様に作る。
夏みかん・はっさくで→甘味を増やし、同様に作る。

・・・

おいしい食べ方
- くずして炭酸水を注ぐ。
- 豆乳をかけると、ゼリーの酸で豆乳がヨーグルトのようにかたまっておいしい。
- 豆乳バニラアイスクリーム（P.92）やココナッツクリームプリン（P.76）とともに。
- ゼリーが酸っぱすぎる場合は、練乳シロップ（P.14）をかけて。
- かたいまま、コロコロにカットして食べてもおいしい。

Q はっさくで作ったら
酸っぱくなってしまいました。

みかんによって甘さが違いますので、酸っぱいときは、はちみつを多くし、
逆に甘いときは、減らしてレモン汁を足すなどして調節してください。

● 定番ゼリー

コーヒーゼリー

ほろ苦いコーヒーゼリーと
甘い練乳シロップのおいしい組み合わせ。

穀物コーヒー（右）と有機インスタントコーヒー

甘味の入っていないコーヒーゼリーに練乳シロップをかけて、好きな甘さにして食べます。ブランデーを少し入れると酸味と香りが加わって、コーヒーは香り高く、穀物コーヒーはよりコーヒーらしくなります。

材料（4人分）

コーヒーゼリー
Ⓐ 水…600cc
　粉寒天…小さじ1（2g）
Ⓑ インスタントコーヒー…10g
　（または穀物コーヒー16g）
　ブランデー（なくてもよい）
　　　　…小さじ1/2

練乳シロップ
Ⓒ 豆乳…100g
　くず粉（粉末）
　　　　…小さじ1
　てんさい糖…25g

1 小鍋にⒶを入れ、5分ほど置き、中火にかけ、グラグラっと沸騰したら弱火にし、かき混ぜながら3分加熱する。

2 Ⓑを加えて一煮立ちさせ〈a〉、火を止めて器に注ぎ、粗熱を取って、冷蔵庫で冷やしかためる。

3 小鍋にⒸを入れ、よく混ぜてくず粉を溶かし、絶えずかき混ぜながら弱火にかけ、沸騰したらそのまま2分加熱し、火を止める。

4 3を保存ビンに移し、水をはったボウルに入れ、スプーンなどでかき混ぜながら冷ます。粗熱が取れ、なめらかになってツヤが出たら完成〈b〉。

おいしいアレンジ
- 練乳シロップにバニラ風味
  → 3の工程で火を止めたあとに香りをつけて。
- コーヒーゼリー×練乳シロップ×シナモンパウダー
- コーヒーゼリー×黒みつ（P.74）
- コーヒーゼリー×ココナッツアイスクリーム（P.100）

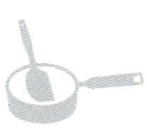

15分

Q たんぽぽコーヒーや玄米コーヒーでもできますか？

できます。いずれも普段飲むときより濃いめに入れましょう。

ジャスミンレモンゼリー

●定番ゼリー

「ゼリーとシロップがいっぺんにできる不思議なゼリー。」

かたい寒天に、切りこみを入れてはちみつをかけておくと、みるみる水分が出てきます。寒天から出てくる水分が、はちみつと混ざって、おいしいシロップになり、寒天はやわらかくなって、ゼリーとなるのです。レモンとジャスミンの香りてくるレモンとジャスミンの香りのです。

10分

材料（6人分）

- Ⓐ 水…600cc
  粉寒天…小さじ2（4g） ＊スティック1本分

- ジャスミンティー（ティーバッグ）…4袋（茶葉6g）
- レモン果汁…小さじ2（10g）

- はちみつ（またはアガベシロップ）…大さじ6
- レモンスライス…好きなだけ

1 小鍋にⒶを入れ、5分ほど置き、中火にかけ、グラグラっと沸騰したら弱火にし、かき混ぜながら3分加熱し、火を止める。

2 1の鍋にジャスミンティー〈a〉を入れてフタをし〈b〉、1分30秒（または箱に書いてある抽出時間）経ったら数回ふって引き上げる。レモン果汁を入れて混ぜ、バットなどに移し、粗熱を取って、冷蔵庫で冷やしかためる。

3 食べる30分ほど前になったら、2にナイフで切り込みを入れるか〈c〉スプーンで崩し、はちみつをかけ、そのまま冷やす。ゼリーから水分が出てきて全体がなじんだら〈d〉食べごろ。レモンスライスやクコの実を入れるとおいしい。

＊レモンスライスがない場合は、レモン果汁を大さじ1にする。
＊ジャスミンティーの抽出時間は茶葉によって異なるので、箱に書いてある蒸らし時間を参考に。

Q ティーバッグのジャスミンティーが
ありません。

リーフティーでもおいしくできます。抽出時間はパッケージに書いてある通りにし、工程 2 でバットに移すとき、茶こしを使ってこしましょう。

ワインとぶどうのゼリー

●季節のゼリー

秋のはじめにこのゼリーを食べると、夏の疲れが吹き飛びます。

赤ワインと巨峰、白ワインとマスカットなど、お好みのワインとぶどうんでも大丈夫。もちろんワインゼリーだけ食べてもおいしいです。ワインのアルコールを飛ばして作るのでお子さうで作りましょう。

15分

材料（4人分）

- Ⓐ 水…300cc
  粉寒天…小さじ1（2g）
- Ⓑ ワイン（赤でも白でも）…100cc
  塩…少々
- Ⓒ はちみつ（またはアガベシロップ）…大さじ4
  レモン果汁…小さじ1（5g）
- お好みのぶどう（よく冷やしておく）…1パック

1 小鍋にⒶを入れ、5分ほど置き、中火にかけ、グラグラっと沸騰したら弱火にし、かき混ぜながら1分加熱する。

2 Ⓑを加え、再び沸騰したら〈a〉アクを取り、さらに2分加熱して火を止める。

3 バットにⒸを入れ〈b〉、2を流しこんで混ぜ〈c〉、粗熱を取って、冷蔵庫で冷やしかためる。

4 ぶどうの皮をむき（皮ごと食べられるものはそのまま）、3のゼリーと交互にグラスに盛りつける。

c　b　a

＊ワインゼリーだけで食べる場合は、2の工程で火を止めたあと、Ⓒを小鍋に加えて混ぜ、粗熱を取って、1人分ずつグラスに冷やしかためるとおいしい。

＊P.19の写真のぶどうは、皮ごと食べられるものを使用。

Q ぶどうがありません。

赤ワインはブルーベリー、白ワインはラ・フランスやメロンともよく合います。
ワインゼリーだけを2色作り、重ねて食べてもおいしいです。

● 季節のゼリー

りんごくずゼリー

ぷるぷるの食感とやさしい味で、子どもたちに大人気。

材料（6人分）

Ⓐ 水…200cc
　粉寒天…小さじ1（2g）
　くず粉（粉末）…10g
　塩…少々

りんご…小1個（正味150g）

Ⓑ りんごジュース…250cc
　はちみつ
　（またはアガベシロップ）
　　　…大さじ3と1/2
　レモン果汁
　　　…小さじ2（10g）

1 小鍋にⒶを入れ、5分ほど置き、よく混ぜてくず粉をしっかり溶かす。

2 りんごを1cm角ほどにカットし、カットしたそばから1に入れていく〈a〉。

3 へらで混ぜながら中火にかけ、沸騰したら弱火にし、絶えずかき混ぜながら、フツフツしている状態で〈b〉5分加熱し、火を止める（くず粉に火が通ると透明感が出る〈c〉）。

c　　　b　　　a

4 Ⓑを加えてよく混ぜ、水で濡らした型に注ぎ〈d〉、冷蔵庫で冷やしかためる。

d

くず粉でとろみをつけて、寒天でかためたぷるぷるのゼリー。型抜きする場合は、水で濡らしてかためると型抜きしやすいです。グラスに冷やしかためてスプーンですくって食べてもおいしい。型に入れ、ひと晩しっかり冷やし

15分

おいしいアレンジ

りんごジュースを少し増やしてゆるめにし、グラスに冷やしかため、スプーンですくって食べてもおいしい。カルバドスなどのりんごのお酒をちょっと入れると大人の味に。

Q うまく型から抜けません。

くず粉がかたくなるまで、しっかり冷やしかためましょう。りんごの量が多すぎたときや煮足りないときも、かたまりが悪くなります。

● 定番デザート

りんごの杏仁豆腐

やわらかい杏仁豆腐もおいしいけれど、昔風のちょっと歯ごたえのある杏仁豆腐も捨てがたい。そんな人は、ぜひこの杏仁豆腐を作ってみてください。りんごシロップがさわやかで、なぜかなつかしい味がするはずです。りんごは、皮をむいたそばから、どんどんレモン水に浸けましょう。レモン水だけでアクを取りながら煮て、火を止めてから甘味を加えると、くすみのない、きれいな色に仕上がります。

でもこの杏仁豆腐、黒みつ（P.74）で食べてもおいしいんですよ。フルーツや、アイスクリーム、つぶあん（P.33）ともよく合います。いつも主演俳優を引き立てる、最高の脇役みたいなデザートなのです。

> レトロなひし形の杏仁豆腐。
> なつかしいさっぱり味で、
> いろんなデザートに応用できます。

黒みつをかけても
よく合います

20分

Q クコの実がありません。　　小さくカットしたいちごや、ラズベリーを入れたり、
季節のフルーツを入れたりして楽しみましょう。

◎りんごの杏仁豆腐の作り方

材料（6人分）

- Ⓐ 水…350cc
  粉寒天…4g

- Ⓑ 豆乳…180g
  はちみつ（またはアガベシロップ）
  …大さじ3
  アーモンドエクストラクト
  …小さじ2

- りんご…中1個
  はちみつ（またはアガベシロップ）
  …大さじ4
  くこの実…適量

- **りんごシロップ**
  Ⓒ 水…200cc
  レモン果汁…小さじ1（5g）
  塩…ひとつまみ

1 寒天を煮溶かす

小鍋にⒶを入れ、5分ほど置き、中火にかけ、グラグラっと沸騰したら弱火にし、かき混ぜながら3分加熱する。

2 合わせる

火を止め、Ⓑを加えて混ぜ、バットに流しこみ、粗熱を取って、冷蔵庫で冷やしかためる。

浅めのバットで作ると美しい仕上がりに！

「野田琺瑯」のレクタングル浅型Mを使用

{ POINT }

アーモンドエクストラクトを入れると杏仁味になる。アマレットでも代用でき、その場合はⒷとⒸの材料両方に大さじ1入れる

平たいバットに流しこむときれいな形にカットできる

おいしいアレンジ
「ラ・フランスの杏仁豆腐」「桃の杏仁豆腐」
ラ・フランスや桃を使って同様にシロップを作る。

◆◆◆

おいしい食べ方
- いちごやキウイフルーツなど、生のフルーツを足して食べる。
- りんごシロップの代わりに、黒みつ（P.74）で食べる。

---

3 りんごをカットする

鍋に©を入れておき、りんごをカットしたそばから素早く入れていく。

4 りんごを煮る

中火にかけ、沸騰したら弱火にし、アクを取りながら5分加熱して火を止め、はちみつを加えてそのまま冷まし、冷蔵庫で冷やす。

5 切りこみを入れる

かたまった杏仁豆腐にナイフで切りこみを入れる。

6 シロップを加える

4を加えて混ぜ、くこの実を入れる。

りんごが煮えたらはちみつを加える

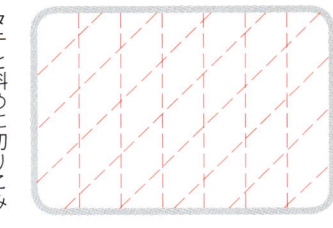

タテと斜めに切りこみを入れるとひし形になる

● 定番デザート

抹茶ゼリー

「抹茶たっぷりの大人のゼリー。
その日のうちに食べましょう。」

少量のくず粉でとろみをつけているので、グラスにそのまま流しこんでも、抹茶が沈まずにきれいに仕上がります。抹茶は煮立てると、苦味成分が出て色も味も悪くなってしまいますので、よく溶いて、火を止めてから入れましょう。

Jelly

材料（4人分）

Ⓐ 水…500cc
　粉寒天…小さじ1（2g）
　くず粉（粉末・または片栗粉）
　　　　　　　　　…小さじ1

Ⓑ はちみつ（またはアガベシロップ）
　　　　　　　　　…大さじ3と1/2
　水…小さじ1
　抹茶…小さじ1と1/4（5g）

おいしい食べ方

- つぶあん（P.33）を添える。
- 黒みつ（P.74）ときなこを添える。
- くずして豆乳プリン（P.66）にのせる。
- 練乳シロップ（P.14）をかける。

1　小鍋にⒶを入れ、5分ほど置き、よくかき混ぜ、くず粉をしっかり溶かす〈a〉。

2　へらで混ぜながら中火にかけ、沸騰したら弱火にし、絶えずかき混ぜながら、フツフツしている状態で3分加熱し、火を止める（くず粉に火が通ると透明感が出る〈b〉）。

3　小さな器にⒷを入れ、小さな泡立て器でよく混ぜて溶かし〈c〉、2に加えてよく混ぜ〈d〉、グラスに注ぎ、粗熱を取って冷蔵庫で冷やしかためる。

15分

Q 作った日に食べないといけない理由は？　　抹茶が酸化して味が落ちてしまいます。なるべく早めに食べましょう。

● なつかしデザート

さつま芋かん

「みずみずしくて甘さ控えめの、デザートになるようかん。」

ゼリーやプリン、アイスなどにもよく合う、さつま芋のさっぱり水ようかん。食後にもすっと喉を通る軽やかさです。さつまいものアクを抜いて美しい色に仕上げましょう。甘みの量は、さつま芋の甘さによって調節します。

材料（6人分）

- さつま芋（または紫芋）…1本（正味250g）
- Ⓐ 水…250cc
   粉寒天…小さじ2（4g）
- Ⓑ てんさい糖…50g
   塩…ふたつまみ

1
さつま芋は皮を厚めにむいて小さくカットし、水にさらしてアクを抜き〈a〉、小鍋に新しい水（分量外）と共に入れて火にかけ、一度ゆでこぼしてから、やわらかくなるまでゆで、ザルにあげる。

2
小鍋にⒶを入れ、5分ほど置き、中火にかけ、グラグラっと沸騰したら弱火にし、かき混ぜながら3分加熱する。

3
1が熱いうちにⒷと共にフードプロセッサーに入れ〈b〉、なめらかになるまでかくはんし、2も熱いうちに加えて〈c〉かくはんし、すぐに型に流しこむ〈d〉。粗熱を取って、冷蔵庫で冷やしかためる〈e〉。

おいしい食べ方
濃いめの緑茶と一緒に。

おいしいアレンジ
「かぼちゃかん」 かぼちゃをひと口大にカットして10分蒸し、皮を取って正味250g用意し、2の工程から同様に作る。

40分

Q フードプロセッサーがありません。

ザルなどで裏ごししてもおいしくできます。ゆで上がったさつまいもが熱いうちにこしましょう。

{ ゼリーの食べ方 }

Jelly

クリームゼリー

甘夏クラッシュゼリー（P.12）でもおいしい

真っ赤ないちごゼリー（P.8）
×
ヨーグルトホイップクリーム（P.51）

和ゼリー

芋だんご（P.32）を
のせてもおいしい

抹茶ゼリー（P.26）
×
さつま芋かん（P.28）
×
つぶあん（P.33）

いろんなパーツを作り置きすれば、重ねるだけでこんなに楽しい。

りんごの杏仁豆腐（P.22）
×
芋だんご（P.32）
×
つぶあん（P.33）
×
豆乳バニラアイスクリーム（P.92）
×
フルーツ

贅沢杏仁豆腐

黒みつ（P.74）を
かけてもおいしい

芋だんご

さつま芋で作る、もちもちのおだんご。フルーツマリネ（P.38）に入れたり、つぶあん（P.33）、練乳シロップ（P.14）、黒みつ（P.74）、きなこも合います。大きく作れば月見だんごに。

かんたんに作れて
あると大活躍！
ゼリーの友

【 材料 】（作りやすい分量）

さつま芋（または紫芋）
　　　…1/2本（125g）

Ⓐ 片栗粉…50g（要調節）
　 てんさい糖…大さじ2
　 塩…ふたつまみ

【 作り方 】

1 さつま芋は皮をむいて小さくカットし、水にさらしてアクを抜き、小鍋に新しい水（分量外）と共に入れて中火にかけ、沸騰したらそのままやわらかくなるまで10～15分ゆで、ザルにあげる（ゆで汁は捨てない）。

2 **1**とⒶをボウルに入れ、さつま芋をつぶしながらよくこねる。しっとりまとまるようにゆで汁を入れて調節し、だんご状に丸める。

3 鍋に湯を沸かし、**2**を入れ、浮いてきたら、さらに2～3分加熱し、冷水に取って冷ます。

＊芋だんごの大きさによってゆで時間は変わります。1個食べてみて、中までもっちりしていたらゆで上がり。

小豆は水では戻りませんが、お湯ではふっくら戻ります。
この方法ならゆでこぼしがいらず、
前日に豆を浸しておくだけで渋切りがしっかりできます。
ゆで時間も短縮できるので、経済的！

つぶあん

【材料】（作りやすい分量）

小豆…200g
てんさい糖…100g〜 お好みで増やす
塩…ひとつまみ

【作り方】

1. 鍋に1ℓの湯（分量外）を沸かし、小豆を浸けて、ひと晩置く。
2. ザルにあげ、鍋についたアクもさっと流して、豆を鍋に戻し、豆の4倍くらいの水（分量外）を入れて火にかけ、沸騰したら40〜60分ほど、小豆がやわらかくなるまで中火でゆでる。途中、水が足りなくなってきたら足すこと。
3. 豆が芯までやわらかくなったら、火を止め、てんさい糖と塩を加える。ここで水分が足りなかったら足し、水分の多い状態にして強火にかけ、木べらで5分ほど練り上げる。

＊甘味を入れてから強火にし、高温で練り上げると、糖分の少ないあんも、皮がやわらかく口当たりよく仕上がる。あんが飛ぶと熱いので、軍手をして。
＊冷めるとかたくなるので、ゆるめの状態で火を止めること。

皮ごとこしあん

【材料】（作りやすい分量）

小豆…200g
てんさい糖
　…100g〜 お好みで増やす
塩…ひとつまみ

【作り方】

つぶあんと同様に豆をゆで、豆が芯までやわらかくなった状態で、てんさい糖と塩とを加え、ブレンダー（フードプロセッサーでもよい）でなめらかにする。

つぶあん

甘さ控えめでもボソボソしない、おいしいあんです。熱湯で戻してアクを抜き、最後に高温にするのがポイント。

皮ごとこしあん

つぶあんよりかんたんな「こさないこしあん」です。白いんげん豆やひよこ豆など、いろんな豆で作れます。

Fruit desserts

フルーツのデザート

フルーツがメインのデザートは、いつも同じ味にはなりません。
りんごが甘いか酸っぱいか、バナナが青いか熟れているか。
フルーツの状態によって、少しずつ仕上がりが変わるのです。

でも、フルーツの味をみて、適当に加減しながら
甘みを足したり、水分を飛ばしたり、レモンを搾ったり。
おみそ汁を作るように、気軽に作ればいいのです。

その味の変化を楽しめるようになれたら、
こんなに気楽で飽きないデザートはありません。
フルーツは何もしなくても最初から「デザート」なのですから。

● スピードデザート

キャラメルりんご

> りんごさえあればできる、もっともかんたんで、もっとも難しいデザート。

りんごから出た水分だけでカラメルを作り、りんごにからめます。火が弱すぎると煮りんごになってしまい、焦がし足りないと甘ったるく、焦がしすぎればだいなしに。一瞬の判断で勝敗が決まるスリリングなスピードデザート。上手にできると本当においしい！

10分

材料（2人分）

りんご…2個
レモン果汁…少々
てんさい糖…りんごの約10%

1. りんごは4つ割りにして皮をむき、それを横2つにカットし、ボウルに入れてレモン果汁をからめておく。

2. 鉄のフライパンにてんさい糖を敷き、りんごをぎっしり敷き詰める〈a〉。

3. 2を強火にかけ、てんさい糖がすべて溶けるのを待ち、泡が大きくなって茶色く色づいてきたのを確認し〈b〉、りんごをひっくり返していく〈c〉。

4. 全体的にいい色になったらフライパンをゆすり〈d〉、カラメルをりんごにからめて火を止める。

＊3でてんさい糖が色づく前にひっくり返してしまうと、水っぽくなって甘い煮りんごのようになってしまいます。無駄にいじらずグッと我慢が大切。

おいしい食べ方
豆乳バニラアイスクリーム（P.92）と共に。

Q りんごは1個でもできますか？　　できます。小さめのフライパンを使い、
　　　　　　　　　　　　　　　　　　りんごをいっぱいに敷き詰めるようにしましょう。

● シンプルデザート

春のフルーツマリネ

甘酸っぱい春のフルーツと甘いバニラの組み合わせ。バナナは最後に入れましょう。

10分

材料（4人分）

- いちご…1パック（正味250g）
- はっさく…大1個（正味200g）
- バナナ…1本（正味100g）

A
- メープルシロップ…大さじ3
- 白ワイン…大さじ1
- バニラビーンズ…1/2本

＊フルーツは合わせて正味500〜600g

1. バニラビーンズは、中の種をこそげ取って、Ⓐに混ぜておく。
2. バットにカットしたいちごとはっさくを入れ、Ⓐをかけてサッと混ぜ、バニラのさやの部分も加え、冷蔵庫で1時間以上冷やして味をなじませる。
3. 食べる直前にカットしたバナナを入れる。

● シンプルデザート

夏のフルーツマリネ

さわやかな夏のフルーツには、レモンとシナモンを効かせて。アイスクリームに添えると最高です。

10分

材料（4人分）

- メロン…正味250g
- パイナップル…正味200g
- ブルーベリー…正味100g
- シナモンスティック…1本
- レモンスライス…1枚

A
- メープルシロップ…大さじ3
- レモン果汁…小さじ2（10g）

■ 作り方

バットにカットしたメロン、パイナップル、ブルーベリーを入れ、Ⓐをかけてサッと混ぜ、シナモンスティックとレモンスライスも加え、冷蔵庫で1時間以上冷やして味をなじませる。

＊レモン果汁の代わりにレモンスライスを4〜5枚入れてもよい。

残ったシロップは、紅茶に入れたり、無糖の炭酸水で割って飲みましょう。

Q 秋はどんなフルーツで作ったらいいですか？　　洋なしや、やわらかめの柿、ぶどうなどを使うとおいしいです。

● 焼きデザート

フルーツクランブル

クランブルはサクサク、フルーツはとろり。失敗なしのデザート。

生のフルーツにクランブルをかけて焼くだけのデザート。クランブルの材料がそろわなければ、オイルと粉と甘味だけでもOK（超シンプルバージョン）。たった1個のりんごの粉は、薄力粉でも、地粉でも米粉でもおいしくできます。クランブルが生まれ変わります。

10分
30分

材料（2人分）

りんご（またはお好みのフルーツ）…正味200〜250g

Ⓐ 小麦粉（または米粉）…大さじ4
　アーモンドプードル…大さじ2
　ココナッツオイル（またはなたね油）…大さじ2
　てんさい糖…大さじ2
　オートミール…大さじ1
　くるみ（細かくカットしたもの・なくてもよい）…2個

＊りんごは紅玉がおすすめ。
　なければりんごにレモン果汁（適量）をかける。

1 りんごを小さくカットする（紅玉ではない場合はレモン果汁をかけておく）。

2 ボウルにⒶを入れてフォークでよく混ぜておく。ココナッツオイルは溶けていてもかたまっていてもどちらでもよい。かたまっていたらフォークでつぶすようにしながら〈a〉混ぜる。

3 耐熱容器にココナッツオイル（分量外）を薄く塗り、1を並べ〈b〉、2をのせる〈c〉。

4 180℃に温めたオーブンに入れ、30分焼く。

＊てんさい糖とレモン果汁は、りんごの甘味、酸味によって調節する。
＊小麦粉は、地粉（中力粉）でも薄力粉でも全粒粉でもOK。
＊なたね油は「なたねサラダ油」など湯洗いのものを選んで。
＊P.41の写真右はりんご、左はパイナップル。

おいしいアレンジ
シナモンパウダーやジンジャーパウダーを入れても
おいしい。りんごの代わりに、いちご、ラズベリー、
パイナップル、ラ・フランスなどもよく合う。

「クランブル・超シンプルバージョン」
もっともシンプルなクランブルのレシピ。これはこ
れでおいしい！
小麦粉（または米粉）…50g
ココナッツオイル（またはなたね油）…大さじ2
てんさい糖…大さじ2

● とろとろムース
アボカドチョコムース

アボカドはよく熟れたものを使い、その日のうちに食べましょう。

Fruit desserts

🖥 10分

材料（4人分）

- アボカド…正味100g
- バナナ…正味100g
- 豆腐（絹）…100g
- 豆乳…50g
- ココア…大さじ3（18g）
- メープルシロップ
   …大さじ2と1/2
- ラム酒…小さじ2/3

■ 作り方

すべての材料をブレンダー（またはミキサー）でなめらかにする〈a〉。

＊ラム酒の代わりに、バニラエクストラクト小さじ1や、シナモンパウダー少々でもおいしい。

● とろとろムース
いちごバナナムース

いちごの代わりにラズベリーやオレンジでもおいしい。

🖥 10分

材料（4人分）

Ⓐ ┌ いちご…正味150g
  │ バナナ…正味100g
  │ 豆腐（絹）…100g
  │ はちみつ
  │ （またはアガベシロップ）
  └   …大さじ2と1/2

ココナッツオイル
（溶かしたもの）…50g

■ 作り方

Ⓐの材料をブレンダー（またはミキサー）でなめらかにし、最後に溶かしたココナッツオイルを加えて乳化させる。

＊ココナッツオイルは熱くしすぎないこと。ココナッツオイルを入れたあと、サラサラしすぎていたら、冷蔵庫で冷やすととろみがつく。
＊乳化…水と油がよく混ざった状態のこと。

かくはんするだけ！
10分で完成する
フルーツムース。

Q 木綿豆腐でもできますか？　　木綿豆腐は豆腐の風味が強いので、おすすめしません。
どうしても木綿で作りたい場合は、一度ゆでこぼしをして冷ましておくと使えます。

りんごのヨーグルトフラン

● 焼きデザート

子どものころ、マドモアゼルいくこさんの「ヨーグルトポムポム」というケーキが好きでよく作りましたが、大人になって、それが「フラン」というデザートの仲間だと知り、なんとか卵、乳製品なしで作れないものかと試行錯誤してできたのがこれです。生地はボウル1個でぐるぐる混ぜるだけ。りんごにてんさい糖をからめて水分を出し、その水分だけで煮るので、りんごが水っぽくならず、どんな種類のりんごでもおいしくできます。焼くとき、生地全体がパンパンにふくらんだら、中まで火が通った証拠。焼きたてはとろとろですが、冷めると生地の寒天が冷えてかたまり、生地もしまっておいしくなります。翌日もおいしいので作り置きにも。

> 寒い季節に食べたい、
> とっておきの冬デザート。
> ふかふかになってしまったりんごも
> よみがえります。

どんなりんごでも
おいしく作れます

20分

35分

044

Q 型からうまく取り出せません。　　冷めてしっかりかたまってから切り分けると、きれいに取り出せます。

◎りんごのヨーグルトフランの作り方

材料（直径20cmの耐熱型1個分）

りんご…正味300g

Ⓐ てんさい糖…大さじ1と1/2（15g）
　ラム酒…小さじ2

Ⓑ 薄力粉…50g
　アーモンドプードル…25g
　てんさい糖…50g
　寒天…小さじ1（2g）
　塩…ひとつまみ

Ⓒ 豆乳ヨーグルト…250g
　なたね油…大さじ2

1 りんごの準備

りんごをひと口大にカットし、小鍋に入れ、Ⓐをまぶしておく。

2 りんごを煮る

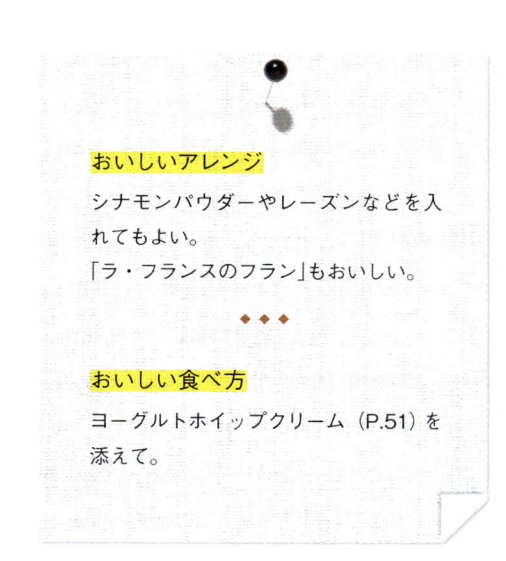

りんごの水分が出たら弱火にかけ、沸騰したらフタをして2分加熱し、フタを開けてさらに1〜2分加熱して水分を飛ばす。

おいしいアレンジ
シナモンパウダーやレーズンなどを入れてもよい。「ラ・フランスのフラン」もおいしい。

おいしい食べ方
ヨーグルトホイップクリーム（P.51）を添えて。

{ POINT }

りんごから水分を出す

中心から外側に向かって少しずつ混ぜると、ダマのないなめらかな生地になる

> ピリビィの花形の耐熱皿を使っています

3 粉を混ぜる

Bをボウルに入れ、泡立て器でよくかき混ぜ、ダマを取る。

4 液体を加える

粉の真ん中をくぼませ、そこにⒸを加え、泡立て器で中心から外側に向かって、少しずつ混ぜ、なめらかな生地を作る。

5 型に入れる

型に油(分量外)を塗り、2のりんごを入れ、4を流しこみ、その上にまたりんごをのせる。

6 焼く

180℃に温めたオーブンに入れ、30〜35分焼く。生地の真ん中までパンパンにふくらんでいれば焼き上がり。ふくらみが足りない場合は、もう少し焼く。粗熱を取り、冷蔵庫で冷やして完成。

型に油を塗る

生地を流しこむ

*豆乳ヨーグルトは自然食品店などで販売している。種菌を使って自分で作ることもできる

● 焼きデザート

ラズベリーのクラフティ

しっとりやさしい甘さの生地に、とろっと溶ける甘酸っぱいラズベリー。

ラズベリーは生地の上にそっとのせるだけにして押しこまないようにしましょう。焼くとまわりの生地が上がってきます。

小さなグラタン皿やココット皿などで1人分ずつ焼き、熱々のとろとろをスプーンですくって食べてもかんたんですごくおいしい。

15分
30分

材料（18cmセルクル型1個）

Ⓐ 薄力粉…70g
　アーモンドプードル…30g
　ベーキングパウダー…4g（小さじ1）

豆腐（絹）…150g
なたね油…50g

Ⓑ てんさい糖…60g
　塩…ひとつまみ
　バニラエクストラクト（またはラム酒）…小さじ2

Ⓒ ラズベリー（冷凍でもよい）…80g

1　Ⓐをボウルに入れ、泡立て器でよくかき混ぜ、ダマを取る。

2　豆腐を別のボウルに入れ、泡立て器でつぶしてペースト状にし、なたね油を少しずつ加え、中心から外側へと少しずつぐるぐる混ぜるようにして乳化させる〈a〉。Ⓑも入れ、てんさい糖がなるべく溶けるまでよく混ぜる〈b〉。

3　2に1を加え、泡立て器で粉っぽさがなくなるまで、ぐるぐると混ぜ、ラップを生地の表面に貼りつけるようにして〈c〉、冷蔵庫で15分以上休ませる。

4　型に油（分量外）を塗って生地を入れ、ラズベリーをのせ〈d〉、180℃に温めたオーブンで30〜35分、生地が全体的にふくらみ、おいしそうな焼き色がつくまで焼く。

＊2の工程の詳しい説明は、前著『かんたんお菓子』P.20、P.60を参照。
＊ラズベリーは生地の上にそっとのせるだけにして押しこまないこと。
＊冷凍ラズベリーは解凍せず、凍ったまま使うこと。

おいしいアレンジ

あんずやいちご、チェリーで作ってもおいしい。

小さなプリン型で1人分ずつ焼いてもよい。その場合は焼き時間を短めに。

Q ラズベリーが黒っぽくなってしまいました。

温度が高すぎると、黒っぽくなってしまいます。
オーブンによって同じ温度でも焼き上がりが違うので、温度調節しましょう。

豆腐ガナッシュクリーム

こっくり濃厚なチョコレートクリーム。食パンにぬってもおいしい。アイスにのせればかわいいパフェに。

そのままでも、フルーツと合わせてもおいしい。
ゼリーやプリン、アイスクリームなどと合わせれば、
何通りものデザートが楽しめます。

かんたんに作れて あると大活躍！
デザートの友

豆腐ガナッシュクリーム

【 材料 】

豆腐（木綿）…300g

A ココア…25g　メープルシロップ…大さじ3
　 オレンジエクストラクト…小さじ2/3（またはラム酒小さじ2）
　 塩…ひとつまみ

ココナッツオイル（溶かしたもの）…50g

【 作り方 】

1. 豆腐は8等分にし、水から弱火にかけ、沸騰したらごく弱火で10分ゆで、ザルにあげ、水気を切って200gにする。
2. 豆腐が熱いうちにAと共にフードプロセッサーに入れ、なめらかになるまで約2分間かくはんし、フードプロセッサーを回したまま、ココナッツオイルを少しずつ入れて乳化させる。
3. バットに移し、冷蔵庫で冷やしかためる。

＊フードプロセッサーは、ときどきスイッチを切り、内側や底についた生地をヘラで落としてから回す。
＊ココナッツオイルがない場合は、なたね油大さじ1を入れて同様に作る（ふんわり感は出ない）。
＊香りづけは、コアントローやグランマニエを小さじ2でもよい。

ヨーグルトホイップクリーム

ふわっと空気を含んだヨーグルト味のクリーム。温度が上がると溶けるので、冷たいうちに食べましょう。

ヨーグルトホイップクリーム

【 材料 】

Ⓐ 豆乳ヨーグルト…400g
　てんさい糖…20g（お好みで調節）
　塩…少々

ココナッツオイル（溶かしたもの）
　　　　　　　　　　　　…60g

【 作り方 】

1　豆乳ヨーグルトはコーヒーフィルターなどでひと晩水切りし、150g用意する。
2　Ⓐをフードプロセッサーで2分間かくはんして空気を含ませ、フードプロセッサーを回したまま、ココナッツオイルを少しずつ入れて乳化させる。
3　バットに移し、冷蔵庫で冷やしかためる。

＊豆乳ヨーグルトは400gをひと晩水切りすると150gくらいになります。

ココナッツミルククリーム

ぷるぷるでなめらかなココナッツミルク味のクリーム。南国フルーツともよく合います。

ココナッツミルククリーム

【 材料 】

小麦粉（または米粉）…15g
ココナッツオイル（またはなたね油）…大さじ2

Ⓐ ココナッツミルク…200g
　豆乳…100g
　てんさい糖…35g（お好みで調節）

ラム酒（なくてもよい）…小さじ1

【 作り方 】

1　鍋にココナッツオイルを入れてごく弱火にかけて溶かし、火を止めて小麦粉を入れ、ダマがなくなり、なめらかになるまで木べらでよく混ぜる。
2　Ⓐを加えてよく混ぜ、中火にかけ、絶えずかき混ぜ、沸騰したら弱火にし、常にフツフツしている状態で3分煮て、火を止め、ラム酒を入れる。
3　バットに移し、粗熱を取って、冷蔵庫で冷やす。

＊お酒の弱い人は、ラム酒を入れてからひと煮立ちさせ、アルコールを飛ばすこと。
＊小麦粉は地粉（中力粉）でも薄力粉でもOK。
＊クリームをかためにしたいときは、粉5gを足して作る。

Fruit desserts

｛ クリームの食べ方 ｝

クリームがあれば、フルーツと合わせるだけで、はなやかなデザートに！
そのまま食べると酸っぱいフルーツも、おいしくなります。

フルーツマリネ（P.38）にもよく合います

豆腐ガナッシュ
クリーム（P.50）
×
甘夏

ココナッツミルク
クリーム（P.51）
×
パイナップル・
ブルーベリー

ヨーグルト
ホイップクリーム（P.51）
×
いちご・キウイフルーツ・
クッキークランチ（P.103）

● 上級デザート

ふわふわいちごムース

「ふわふわっと軽い、泡のような春のムース。」

フードプロセッサーで作った泡に寒天液を入れ、急冷してサッとかためます。寒天液が冷める前に素早く作業しましょう。上手に作れば本当にふわふわの仕上がりに。このムースは、この本の中で唯一、予行練習が必要なデザートなのです。

材料（8～10人分）

Ⓐ いちご…1パック（正味250g）
　甘酒（濃縮タイプ）…200g
　豆腐（絹）…150g
　はちみつ（アガベシロップ）
　　　　…大さじ2
　レモン果汁…小さじ2（10g）
　塩…少々

Ⓑ 豆乳…200g
　寒天…5g

ココナッツオイル
（溶かしたもの・またはなたね油）
　　　　…大さじ3

1. 小鍋に豆腐とかぶるくらいの水（分量外）を入れて中火にかけ、沸騰したら弱火で5分ゆで、ザルにあげ、ザルの上でくずして水切りをする。

2. Ⓐをフードプロセッサーに入れ〈a〉、なめらかになるまでかくはんする。

3. Ⓑを小鍋に入れてよく混ぜ、弱火にかけて沸騰したら〈b〉、ごく弱火で3分加熱する。

4. 2が熱いうちに、フードプロセッサーをもう一度回し、2分間回し続け、ココナッツオイルを少しずつ入れて乳化させ、続けて一度に3を入れる〈c〉。

5. 全体が混ざったら、すぐにバットに流しこみ〈d〉、冷蔵庫で冷やしかためる。

＊バットを急冷すると、泡が消えないうちにかたまって、ふわふわになります。ひと回り大きいバットに冷たい水をはって冷やしましょう。

30分

Q しっかりかたまりません。　　工程4で寒天液を入れるとき、温度が低すぎるとうまくいきません。
また、必ずフードプロセッサーを回したまま入れましょう。

PICK UP

ココナッツオイルのお話

ココナッツオイルは、数ある油の中で最も酸化しにくく、トランス脂肪酸を含まないオイルです。病気の予防や免疫の向上、肌や髪を守るなど、幅広い健康、美容効果が注目されています。

この本では、温度によって個体にも液体にもなる、ココナッツオイルの性質を利用して、たくさんのデザートを紹介しています（ココナッツオイルは、ココナッツクリームやココナッツミルクなどにも含まれます）。

◎ ムースやプリンをかためる

ココナッツクリームを使ったプリン（P.76ココナッツクリームプリン、P.80マンゴープリン、P.84カスタードプリンなど）は、しっかりかたまり、型抜きにも向いていますが、寒天のかたさとは違い、口に入れるとすっと溶けておいしい。サラサラの液体を寒天やくず粉なしで、とろっとかためることもできます（P.42アボカドチョコムース、いちごバナナムース）。

◎ サクサクの食感をつくる

ココナッツオイルが固形のとき、生地に混ぜこんで焼くと、バターを使ったようにサクサク軽い食感を作ることができます（P.40フルーツクランブルなど）。

特徴

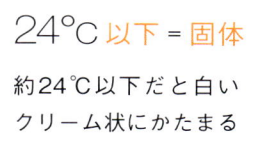

24℃以下 = 固体
約24℃以下だと白い
クリーム状にかたまる

24℃以上 = 液体
約24℃以上だと無色
透明の液体になる

使い方

◎ 空気を抱きこむ

ココナッツオイルには、甘味料とかくはんしたときに空気を抱きこむ「クリーミング性」があり、それを利用して、ふわふわのクリームやムースも作れます（P.50豆腐ガナッシュクリーム、P.51ヨーグルトホイップクリーム、P.54ふわふわいちごムースなど）。

◎ 低温でカチカチにかたまる

ココナッツオイルが液状のときに、ココアや甘味料を入れ、カチカチに冷やしかためれば、チョコレートそっくりの食感を作ることができます（P.58生チョコ、P.102パリパリチョコソースなど）。

このようにココナッツオイルは、液状の植物油ではむずかしかったことが、かんたんにできるオイルなのです。24℃以上で溶けるので、どのデザートを作っても口どけがよく、液状から固形になる途中で乳化しやすいため、乳製品をつかわなくてもクリーミーで濃厚な味をだすことができます。中でも「生チョコ」（P.58）は、びっくりするほどかんたんなんですので、ぜひ作ってみてください。

*この本で使用している「なたね油」は、すべてココナッツオイルに代えることができます。

溶かして使う

かたまっているココナッツオイルを液体で使いたいときは、湯煎して溶かして使う。ココナッツオイルを耐熱のコップに入れ、湯を沸かした小鍋で湯煎するとラク。

かんたんなコツ

- ココナッツオイルがついた皿や調理道具は、ぬるま湯で洗えばかんたんに落ちる。
- かたまったココナッツオイルを使うときは、食事用のフォークを使うとかんたんにとれる。

● 魔法のチョコ

ココナッツオイルの生チョコ

ココナッツオイルを溶かして、ほかの材料を混ぜるだけ。材料を加える順番さえ間違えなければ、子どもが作っても失敗しない生チョコです。ココナッツオイルにメープルシロップを入れると分離してきますが、温度が下がるのを待って、まわりがかたまりかけたときに混ぜると、かんたんに乳化させることができます。この方法なら温度計もいりません。豆乳の素を入れると、よりなめらかになり、ミルキーな味になりますが、代わりにピーナッツペーストを使ってもおいしくできます。それも手に入らないときは入れずに作り、かためるときにドライフルーツやナッツを入れると、別の風味が加わっておいしくできます。夏は完成した生チョコを冷凍庫に入れておき、その都度、食べる分だけ出すようにしましょう。

> 作業時間たったの10分！
> とろけるような生チョコです。
> 道具も少し、温度計も必要なしの
> 秘密製法で作ります。

かたまりかけたところを混ぜるだけ！

10分

Q 豆乳の素もピーナッツペーストもありません。

どちらもなくても生チョコはできます。
かたまりはじめるのを待ち、しっかり混ぜて乳化させましょう。

◎ココナッツオイルの生チョコの作り方

材料（作りやすい分量）

ココナッツオイル
（溶かしたもの）…100g

Ⓐ ┌ ココアパウダー…30g
　└ 豆乳の素（なくてもよい）…25g

メープルシロップ…50g
ココア（仕上げ用）…適宜

甘味料は、はちみつやアガベシロップでも代用できます！

1　オイルを溶かす

コップにココナッツオイルを入れ、湯煎で溶かす（夏は室温で溶けている）。

2　混ぜる

ボウルにⒶと1を入れ、泡立て器でよく混ぜ、なめらかになったらメープルシロップを加えて混ぜる。

{ POINT }

コップで作る方法
レシピ量の半量なら、コップ1個でかんたんに作れる。

豆乳の素がない場合は、ピーナッツペーストでもおいしく作れる

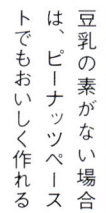

「豆乳の素」は自然食品店などで手に入る

060

おいしいアレンジ

「バニラ生チョコ」
バニラビーンズ1/2本の中身をしごき出して入れると、ぐっと高級感が出ておいしくなる。

「ピーナッツ生チョコ」
豆乳の素の代わりにピーナッツペースト20gを使い、2の工程で入れる。

「酒粕生チョコ」
豆乳の素の代わりに酒粕20gを使い、2の工程で入れる。

・・・

かんたんなコツ

2の工程で、混ぜているうちにどんどんかたまってきたら、そのままぐるぐる混ぜ、型に入れればOK！

クッキングシートをタテヨコに重ねると、取り出しやすい。

---

3 冷やす
冷蔵庫に入れ、温度が下がって、まわりからうっすらと、かたまってくるのを待つ（冬は室温で自然にかたまる）。

4 乳化させる
泡立て器でなめらかになるまでよく混ぜる（サラサラだったチョコ液がクリーム状になる）。

5 型に入れる
すばやく型に流しこんで表面をならし、冷蔵庫で冷やしかためる。

6 完成
お好みのサイズにカットして、ココアをふり、冷蔵庫（夏は冷凍庫）で保存する。

{ PICK UP }

コップにココナッツオイル（溶かしたもの）入れ

▶ ココアと豆乳の素を加えて混ぜ

▶ 溶けたらメープルシロップも入れて混ぜ、3の工程以降、同様に作る

＊3の工程でカチカチにかためてしまった場合は、半かたまりの状態まで溶かして混ぜる

＊保存の目安は冷蔵庫で2週間、冷凍庫で1カ月

061

{ 生チョコのかんたんアレンジ }

そのままではもちろん、さまざまなナッツやドライフルーツを入れるとよく合います。

ラムレーズン生チョコ

これぞ王道のチョコレート。
夜中にこっそり食べたい味。

【 材料 】
ココナッツオイルの生チョコ（P.60）…レシピ量
ラムレーズン（P.102）…100g

【 作り方 】
ラムレーズンの水気をよく切ったものを分量分用意する。生チョコ液とよく混ぜ、バットに入れ、冷蔵庫で冷やしかためる。

カシューナッツ生チョコ

とろけるような生チョコには、
少しやわらかめのナッツがよく合います。

【 材料 】
ココナッツオイルの生チョコ（P.60）…レシピ量
カシューナッツ…100g

【 作り方 】
カシューナッツを150℃に温めたオーブンで15分ローストして冷ましておく。生チョコ液とよく混ぜ、バットに入れ、冷蔵庫で冷やしかためる。

いちじく生チョコ

いちじく好きにはたまらない味。
おいしい紅茶と食べましょう。

【 材料 】
ココナッツオイルの生チョコ（P.60）…レシピ量
ドライいちじく…100g
白ワイン…小さじ1

【 作り方 】
いちじくを大きめにカットし、白ワインをかけてなじませておく。バットに並べ、上から生チョコ液をかけ、冷蔵庫で冷やしかためる。

型抜き生チョコ

好きな型に流しこみ、
お好みのナッツをのせて。

【 材料 】
ココナッツオイルの生チョコ（P.60）…レシピ量
お好みのナッツ

【 作り方 】
生チョコ液を好きな型に流しこみ、ナッツをのせ冷蔵庫で冷やしかためる。

＊夏はカットしたあと冷凍しておくとよい。食べる分だけ出して、すぐ口に入れる。冬は常温でも大丈夫。

ラムレーズン生チョコ

いちじく生チョコ

型抜き生チョコ

カシューナッツ
生チョコ

Pudding & Bavarois

プリンとババロア

ケーキほど高級でもなく、ゼリーよりちょっとはなやか。
大女優ではなく、庶民派アイドル。
そんなデザートが、プリンとババロアではないでしょうか。
寒天やくず粉で作るプリンとババロアは、軽やかで、
食べると、どこかなつかしい味がします。
でも、作る人によって、
こんなにさまざまな食感になるデザートはありません！
なめらかで、ぷるぷるの食感を作るには、練習あるのみ。
アイドルを育てるのは、ちょっとだけ手がかかるのです。

Pudding & Bavarois

● 基本のプリン

豆乳プリン

植物性の材料でプリンをおいしく作るポイントは「くず粉」にあります。まず、くず粉をよく溶かすこと。溶け残りがあるとダマになります。次に、沸騰するまでは、くず粉が沈まないように素早く混ぜること。沈むと鍋底についてしまって焦げやすく、火も通りにくくなります。そして沸騰後は、木べらで鍋底をこするようにしながら、空気が入らないように、一方向にゆっくりかき混ぜること。やみくもにかき混ぜると、空気が入ってかさが増え、ボケた味になります。くず粉を完全に溶かし、静かにしっかりと煮上げることで、なめらかで口どけのよいプリンができるのです。まずは、一番くず粉の量が少ないこのプリンでためしてみてください。

> 豆乳とくず粉で作る一番シンプルなプリン。甘さ控えめで、黒みつときなこがよく合います。

かんたんアレンジで黒ごまプリンに！

15分

Q 黒みつを作るのが面倒なのですが。　　メープルシロップときなこをかけてもおいしく食べられます。

◎豆乳プリンの作り方

材料（6個分）

Ⓐ 水…50cc
　粉寒天…小さじ1（2g）

Ⓑ 豆乳…300g
　てんさい糖…大さじ3（30g）
　くず粉（粉末）…大さじ2（10g）
　塩…ひとつまみ

Ⓒ 豆乳…250g

1 寒天をふやかす

鍋にⒶを入れ、5分ほど置く。

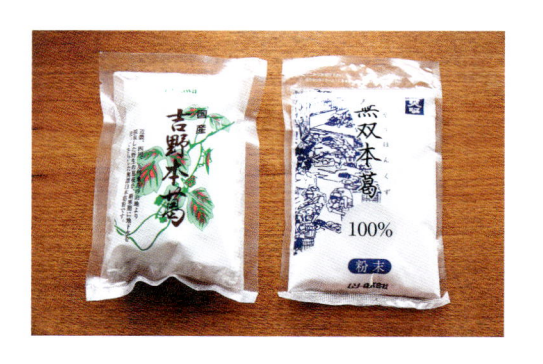

2 くず粉を溶かす

Ⓑを加え、木べら（またはシリコンべら）でよく混ぜ、ダマをなくす。

くず粉には、粉末タイプと固形タイプがあります

{ POINT }

固形タイプのくず粉を使う場合は、2を茶こしでこす

おいしいアレンジ

「黒ごまプリン」（P.66）
ⓒの豆乳250gに黒ねりごま15gを溶かして同様に作る。白ねりごまでもおいしい。

・・・

おいしい食べ方

つぶあんやこしあんを添えるとおいしい。

抹茶ゼリー（P.26）ともよく合う。

3 加熱する

木べらで混ぜながら中火にかけ、沸騰したら弱火にし、鍋底全体をこするように、絶えず混ぜながら3分加熱し、火を止める。

4 残りを加える

ⓒを加え、よく混ぜる。

5 器に入れる

お好みの器に流しこむ。

6 完成

表面の泡を取り、粗熱を取って、冷蔵庫で冷やしかためる。きなこと黒みつ（P.74）をかけて食べる。

くず粉が入っているものを加熱するときは、沈まないように混ぜながら火をつける

くず粉が鍋底につかないよう絶えず混ぜながら、常にフツフツした状態で3分加熱

くず粉が煮えると、サラッとしたとろみがつく。煮たりないと、もったりしている

● 定番プリン

メープルチョコプリン

オレンジ風味の濃厚なチョコプリン。
ラム酒をたっぷり入れてもおいしい。

このプリンは、くず粉が多いので、焦げないように注意し、空気をなるべく入れないように、一方向にかき混ぜ、ねっとり濃厚に仕上げましょう。オレンジジャムがよく合いますが、豆腐ガナッシュクリーム（P.50）ものせると、最強のチョコデザートが完成します！

材料（6人分）

- Ⓐ 水…50cc
  粉寒天…小さじ1（2g）

- Ⓑ 豆乳…400g
  くず粉（粉末）…20g
  塩…ひとつまみ

- Ⓒ ココア…15g
  メープルシロップ…大さじ4と1/2
  ピーナッツペースト…大さじ1
  なたね油…大さじ1
  オレンジエクストラクト…小さじ1/2

1 小鍋にⒶを入れ、5分ほど置き、Ⓑも加え、木べらでよく混ぜ、ダマをなくす。

2 木べらで混ぜながら中火にかけ、沸騰したら弱火にし、木べらで鍋底全体をこするように絶えず混ぜながら、常にフツフツした状態で3分加熱する。

3 弱火のまま、あらかじめよく混ぜておいたⒸを加え〈a〉、よく混ぜ、火を止める。

4 お好みのグラスに流しこみ、粗熱を取って、冷蔵庫で冷やしかためる。

＊1で固形のくず粉を使う場合は、加熱前に茶こしでこす。

＊くず粉量が多いものは、ぶ厚い鍋を使うとうまく煮える。

a

20分

おいしいアレンジ

なたね油をココナッツオイル大さじ1に代えて同様に作ると、チョコレートのような食感が出ておいしい。

オレンジエクストラクトの代わりにラム酒小さじ1と1/2でもOK。ラムレーズン(P.102)を入れてもおいしい。

おいしい食べ方

チョコババロアの上に、豆腐ガナッシュクリーム(P.50)をのせると、最強のチョコレートデザートになる。

● 定番プリン

甘酒プリン・りんごソース

> 一度食べたらクセになる、かんたん、じみうまプリン！

りんごのとろとろソースが甘酒のクセをおいしさに変えてくれます。はなやかさはないけれど、一度食べたらまた食べたくなって、結局こればかり作ってしまう、不思議なプリンなのです。くず粉も使わないので、ワザもいらず、本当にかんたん！

材料（6個分）

- Ⓐ 水…50cc
   粉寒天…小さじ1（2g）

- Ⓑ 豆乳…400g
   塩…ひとつまみ

- Ⓒ 甘酒（濃縮タイプ）〈a〉…150g
   なたね油…小さじ1
   メープルシロップ…大さじ1

＊甘酒は濃縮タイプを。白米、玄米どちらでもOK。

1 鍋にⒶを入れ、5分ほど置き、Ⓑも加えて中火にかけ、沸騰したら弱火にし、たまにかき混ぜながら3分加熱し、火を止める。

2 Ⓒをよく混ぜ〈b〉、1に加え、さらに混ぜて、器に流しこむ。粗熱を取って、冷蔵庫で冷やしかため、りんごソース（P.75）をかけて食べる。

＊「マルクラ食品」の甘酒だと甘くてクリーミー、「オーサワジャパン」だとサッパリした仕上がりになる。甘さはメープルシロップで調節するとよい。

15分

Q 自家製の甘酒でもできますか？　自家製の甘酒は作り方によって甘さが違うので、なるべく濃いめに作り、メープルシロップで甘さを調節してください。

かんたんに作れて
あると大活躍!
プリンの友

【 材料 】(作りやすい分量)
ココナッツシュガー(またはてんさい糖)…100g
水…50cc

【 作り方 】
小鍋にココナッツシュガーと水を入れ、よく混ぜながら弱火にかける。沸騰したらアクを取りながら1分煮て、火を止める。

黒みつ

低GIの黒みつです。
アクを取るとすっきりした味に。

[材料]（作りやすい分量）

いちご…正味250g
はちみつ（またはアガベシロップ）
　　　　　　　…大さじ2と1/2
レモン果汁…小さじ1/2

[作り方]

1　鍋に材料をすべて入れ、しばらく置いて水分が出るのを待つ。
2　1を強めの中火にかけ、木べらでいちごをたたきつぶすようにしながら、沸騰させ、2分半加熱する（タネの中のペクチンを出すと早くとろみがついて短時間で煮上がる）。途中アクをしっかり取ること。
3　ソースが熱いうちに、保存ビンに入れ、ビンごと冷水で急冷する。

[材料]（作りやすい分量）

りんご…大1個（正味250g）
Ⓐ 水…150cc　レモン果汁…小さじ2と1/2
はちみつ（またはアガベシロップ）…大さじ2

[作り方]

1　鍋にⒶを入れ、りんごを4つ割りにして皮をむき、5mmの薄切りにして素早く加える（素早い作業が変色防止のポイント）。
2　中火にかけ、沸騰したらアクを取って弱火にし、フタをして、りんごがやわらかくなるまで約15分加熱する。
3　弱火のまま、木べらでりんごをつぶし、はちみつを加えてひと煮立ちさせ、火を止める。粗熱を取って、冷蔵庫で冷やす。

＊最初は甘味を加えずに、レモン水だけで煮ることで、りんごはすぐにやわらかくなる。

りんごソース

りんごをレモン水だけで煮て、
あとから甘味を
加えるのがポイント。

いちごソース

短時間で煮て急冷すると、
びっくりするほど
赤く仕上がります。

● 型抜きプリン

ココナッツクリームプリン

このプリンは型抜きに最適です。型は大きなババロア型でも、小さなプリン型でも、お好みのもので大丈夫。冷やすとココナッツクリームが独特のかたさになり、どんな型でもきれいに外せます。ココナッツクリームはココナッツミルクより濃厚で、くず粉と合わせれば分離しにくくなり、とてもクリーミーなデザートが作れますが、なければココナッツミルクでも代用可能です。どちらも長時間加熱したり、グラグラ煮立てると、口あたりが悪くなってしまいますので、最後に少しずつ入れて、なじませましょう。いちごソース（P.75）がよく合いますが、面倒なときは、かんたんフルーツソース（P.79）をぜひ。

> 雪のように白いお姫様みたいなプリン。
> 真っ赤ないちごソースを
> たっぷりとかけて食べましょう。

いちごソースをかけるとたまらないおいしさ！

15分

076

Q 大きな型がありません。　　小さなプリンカップやグラスなどに流しこんだり、
　　　　　　　　　　　　　　ホーローバットで作って、取り分けて食べるのもおすすめです。

◎ココナッツクリームプリンの作り方

材料（6人分）

- Ⓐ 水…150cc
  粉寒天…小さじ1（2g）
- Ⓑ くず粉（粉末）
  …大さじ1と1/2（7.5g）
  塩…ひとつまみ

ココナッツクリーム…1缶（400cc）
はちみつ…大さじ3

1 寒天をふやかす

鍋にⒶを入れ、5分ほど置く。

2 くず粉を溶かす

Ⓑを加え、木べら（またはシリコンべら）でよく混ぜ、ダマをなくす（固形のくず粉を使う場合は、加熱前に茶こしでこす）。

ココナッツクリームで作るとなめらかで濃厚、ココナッツミルクで作るとさっぱり味に

{ POINT }

フツフツ3分

透明感が出て、とろみがついたら煮上がりサイン

◀ クリームを少し入れる

078

おいしいアレンジ

「クリーミー杏仁豆腐」
アーモンドエクストラクト小さじ1と1/2を4の最後に加えるとクリーミーな杏仁豆腐ができる。

・・・

かんたんアレンジ

ココナッツ味を軽くしたい場合は、ココナッツクリーム400ccを、【豆乳200cc＋ココナッツクリーム200cc】にして同様に作る。

「かんたんフルールソース」
市販のノンシュガージャムを100％ジュースでのばしてもかんたんにソースができる。ブルーベリージャム×りんごジュース、オレンジジャム×みかんジュースなど。

3 加熱する

木べらで混ぜながら中火にかけ、沸騰したら弱火にし、鍋底全体をこするように絶えず混ぜながら、常にフツフツした状態で3分加熱する。

4 ココナッツクリームを加える

弱火にかけたまま、ココナッツクリームを少しずつ入れて混ぜ、全部入れてなめらかな状態になったら、はちみつを加えて混ぜ、火を止める。

5 型に入れる

お好みの型を水で濡らし、4を流しこむ。粗熱を取って、冷蔵庫で冷やしかためる。

6 型から抜く

5がしっかりかたまったのを確認し、型から抜く。いちごソース（P.75）をかけて完成。

混ぜる  ◀ また入れる  ◀ 混ぜる。なじんだら残りはまとめて入れてOK  ◀ バットを水に濡らして型にしてもよい

● 季節のプリン

マンゴープリン

> 太陽みたいな色。
> フルーティーでみずみずしい夏プリン。

マンゴーにとろみがあるのでくずりのプリンです。その日のマンゴーによって、かたさや甘さが少々変わるけれど、そこはご愛嬌。粉は必要ありません。寒天と水だけなので、サッと煮ることができて、すぐにかたまる、夏にぴったこはご愛嬌。

a

材料（6個分）

Ⓐ 水…250cc
　粉寒天…小さじ1（2g）
　塩…ひとつまみ

Ⓑ ココナッツクリーム…200g

Ⓒ マンゴー（正味）…250g
　はちみつ…大さじ3と1/2
　レモン果汁…小さじ1（5g）

1. 小鍋にⒶを入れ、5分ほど置き、中火にかけ、グラグラっと沸騰したら弱火にし、たまにかき混ぜながら3分加熱する。

2. 弱火のまま、Ⓑを少しずつ加えてはよく混ぜ、全部入ったら沸騰直前まで温め、火を止める。

3. ボウルにⒸを入れ、ブレンダー（またはフードプロセッサー）でかくはんして〈a〉なめらかにし、2を加えてよく混ぜる。

4. 器に流しこみ、粗熱を取って、冷蔵庫で冷やしかためる。

＊3で、マンゴーにかたい筋があるときは、取り除くこと。ブレンダーがなければ裏ごしでもOK。
＊マンゴーの水分量、糖度によって、水、はちみつ、レモン果汁の量を調節するとよい。
＊ココナッツクリームがなければココナッツミルクでもよい。豆乳で作ってもさっぱりとしておいしい。

15分

Q ビン詰めのマンゴーピューレでも作れますか？　作れます。その場合、甘味の入っていないものを選びましょう。冷凍マンゴーを使ってもおいしくできます。

● 季節のプリン

かぼちゃの焼きプリン

秋になったら食べたくなる味。
ずっしりかためのベイクドプリン。

甘くないかぼちゃにあたってしまったら、即これを作って食べましょう。焼きたてのふわとろもよし、冷めてずっしりしたのもよいし、ラムレーズンを入れるのもおすすめの、スイートポテトならぬスイートかぼちゃのようなプリンです。黒みつをかけてもおいしい。

材料（4人分）＊100ccのフラン型4個分

蒸したかぼちゃ…200g（約1/4個）

Ⓐ 豆乳…100g
　 ココナッツクリーム…75g
　 てんさい糖…40g
　 くず粉（粉末）…大さじ1（5g）
　 粉寒天…小さじ1（2g）
　 シナモンパウダー…小さじ1/2
　 塩…ひとつまみ

1　かぼちゃはひと口大にカットし、やわらかくなるまで約10分蒸し、皮を取って、200g準備する。

2　ボウルに1とⒶを入れ、ブレンダー（またはフードプロセッサー）でかくはんする〈a〉。

3　型に流しこみ〈b〉、170℃に温めたオーブンに入れ、30分焼く〈c〉。

＊型は、ホーローのバットやグラタン皿など耐熱容器ならどんなものでもよい。

c　　　b　　　a

20分

30分

082

[小鍋でかんたんに蒸す方法]
小鍋にザルを重ねる。かぶらない量の水とかぼちゃを入れ、フタをして蒸す〈d〉。

●魔法のプリン

カスタードプリン

とにかく一度食べてみてください。クスッと笑ってしまうくらい「プリン」なんですから。このプリンの完成度を決めるのはカラメルです。ふつうのプリンはカラメルの上にプリン液を流しこんだあと加熱しますが、このプリンは加熱しないので、カラメルをかたくしすぎると、溶けずにそのまま残ってしまい、ひっしょう。

くり返したときに表面がデコボコになってしまいます。かと言って、やわらかすぎると、プリン液を注いだときに混ざってしまうので、水分多めのカラメルを作り、そこに空気を入れてかたまりやすくするのです。
まずはカラメルを作ってみて、うまくいったらプリン液を作りましょう。

> プリンと言えばこれ。
> なつかしい昭和のアイドルは、
> 永遠にみんなのあこがれなのです。

フルーツにチョコ
アイスクリームを添えて
プリン・ア・ラ・モード

30分

084

Q 練習で作ったカラメルはどうすればいいですか？　　豆乳を入れて煮立て、キャラメルミルクとして飲みましょう。
ティーバッグを入れてキャラメルミルクティーにしてもおいしい。

◎カスタードプリンの作り方

材料（6個分）

蒸したかぼちゃ
（皮を取ったもの）…40g
バニラビーンズ…1/2本

Ⓐ 豆乳…550cc
　てんさい糖…50g
　くず粉（粉末）…20g
　粉寒天…小さじ1（2g）
　塩…ひとつまみ

Ⓑ ココナッツクリーム…75g
　ラム酒…小さじ1

カラメル
てんさい糖…45g
水…大さじ1
熱湯…大さじ3

卵、牛乳不使用。
蒸さずに作ります！

1 カラメルを入れる

カラメルを作り（POINT参照）、熱いうちにプリン型に流しこむ。

2 バニラビーンズをこそげ取る

バニラビーンズのさやに縦に切りこみを入れ、ナイフの背でこそげ取る。

{ POINT }

カラメルの作り方

▶ てんさい糖と水をスプーンで混ぜる

▶ 強めの中火に1分半ほどかける（鍋のふちから焦げてくる）

▶ 素早く鍋をゆすって、焦げを全体に回す

086

かんたんアレンジ

ココナッツクリームがない場合は、代わりに【ココナッツミルク50g＋なたね油大さじ1】を⑧の材料に入れて、同様に作る。

お子さん向きには、5の工程で⑧を入れるときに、ラム酒を最初に加えて、アルコールを飛ばすとよい。
バニラビーンズの代わりにバニラエクストラクト小さじ1と1/2を⑧の材料に入れ、同様に作ってもよい。

おいしい食べ方

ヨーグルトホイップクリーム（P.51）を添えて。

3 材料を混ぜる

ボウルに蒸したかぼちゃを入れ、泡立て器でよくつぶし、Ⓐと2を加え、よく混ぜる。

4 こす

3のプリン液をザルでこしながら、鍋に入れる。

5 煮る

木べらで混ぜながら中火にかけ、沸騰したら弱火にし、鍋底全体をこするように絶えず混ぜながら、常にフツフツした状態で4分加熱し、弱火のまま⑧を少しずつ入れてよくなじませ、火を止める。

6 器に入れる

しっかりかたまったカラメルの上に、熱いプリン液を流しこむ。粗熱を取って、冷蔵庫で冷やしかためる（ひと晩置くとカラメル部分もきれいに型抜きできる）。

▶ 火を止め、熱湯を入れる

▶ 空気を入れるようにスプーンでよく混ぜぜ、弱火にかけ、とろみをつける

水に落としてかたまればOK

底を回して、カラメルを広げる

● 上級デザート

抹茶ババロア

美しいグリーンに、つぶあんを添えて。
とろけるような口どけに、歓声が上がります。

このババロアは、くず粉が多いので、煮るとき、鍋底につかないように気をつけましょう。最後に泡立てながら粗熱を取ると、ふわっとした食感になりますが、このとき温度が下がりすぎると、かたまらなくなってしまいますので注意しましょう。

材料（6人分）

Ⓐ 水…50cc
　粉寒天…小さじ1（2g）

Ⓑ 豆乳…400g
　くず粉（粉末）…20g
　塩…ひとつまみ

Ⓒ メープルシロップ…大さじ5
　抹茶…大さじ1（6g）
　なたね油…大さじ1

1　小鍋にⒶを入れ、5分ほど置き、Ⓑも加えて木べらでよく混ぜ、ダマをなくす。
　（固形のくず粉を使う場合は、加熱前に茶こしでこす）

2　木べらで混ぜながら中火にかけ、沸騰したら弱火にし、木べらで鍋底全体をこするように絶えず混ぜながら、常にフツフツした状態で4分加熱し、火を止める。

3　ボウルにⒸを入れ、よく混ぜ、2を加え、泡立て器で泡立てながら、粗熱を取る〈a〉（夏は温度が下がりにくいので、ひと回り大きなボウルに水をはり、ボウルを冷やしながら泡立てる〈b〉。決して25℃以下にはしないこと。氷を使うのもNG）。

4　バットに流しこみ〈c〉、冷蔵庫で冷やしかためる〈d〉。

25分

Q ふわふわしません。　　工程3でしっかりかくはんすると泡が入ります。急冷すると泡が少なくなり、
温度が下がりすぎるとかたまらなくなるので注意しましょう。

ice cream

アイスクリーム

かくはんしたてのアイスクリームのおいしさといったら！
クリーミーでやわらかく、味も香りもフレッシュで、どんなデザートにも負けません。
ただし、とても溶けやすく、稲妻のような早さで食べなくてはならないのです。
落ち着いて食べたいときは、かくはんしたアイスをもう一度冷やしておきましょう。

● 基本のアイス

豆乳バニラアイスクリーム

「豆乳アイスの素」を仕込んでおけば、フードプロセッサーで2分かくはんするだけ。食べたいとき、すぐにアイスクリームが食べられます。そのままかくはんするとバニラアイスになり、冷凍フルーツなどの副材料を一緒にかくはんすれば、あっという間に、さまざまなアイスクリームが完成します。まずは、かくはんしたての、とろけるようなおいしさを味わってみてください。そして、もう一度冷凍庫で冷やしてからすくえば、きれいに盛りつけられます。なたね油の量は、お好みで調節してください。大さじ1ならさっぱり、大さじ2ならクリーミーな仕上がりになります。

なめらかで口どけのよい、
さっぱりアイスクリーム。
アイスの素であっという間に完成！

パリパリチョコソースが好相性！

15分

2分

092

Q 食べる分だけ　　　食べたい量のアイスの素をマグカップなどに入れ、ハンドブレンダーでかくはんすれば、
　かくはんしたいのですが。　好きなときに、好きなだけ、かくはんしたてのアイスを楽しめます。

◎豆乳アイスの素の作り方

材料（4人分）

Ⓐ 豆乳…300g
　くず粉（粉末）…10g
　てんさい糖…45g
　塩…ひとつまみ

Ⓑ 豆乳…100g
　なたね油…大さじ1〜2
　バニラエクストラクト
　　…小さじ1と1/2
　（またはバニラビーンズ1/2本）

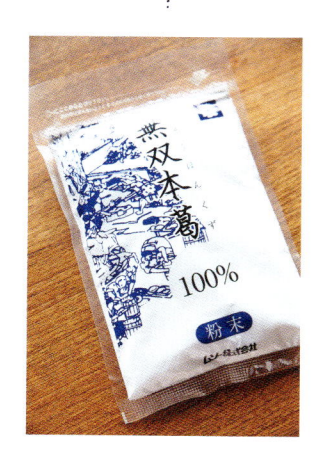

1 くず粉を溶かす

Ⓐを鍋に入れ、泡立て器でよく混ぜ、ダマをなくす（固形のくず粉を使う場合は、加熱前に茶こしでこす）。

2 加熱する

1を中火にかけ、木べらで絶えず混ぜながら沸騰させ、弱火にして、常にフツフツしている状態で5分加熱し、火を止める。

くず粉はしっかり火を通して使います

{ POINT }

バニラエクストラクトがなければバニラビーンズでもOK

5分加熱して、煮上げた状態

暑いときは水をはったボウルに当てながら冷ますと早い

◎豆乳バニラアイスクリームの作り方

1 カットする

カチカチにかたまったアイスの素を細かくカットして、フードプロセッサーへ入れる。

2 かくはんする

なめらかになるまで約2分かくはんして完成。

3 残りを加える

Ⓑを加えてよく混ぜ、豆乳となたね油を乳化させる。

4 冷凍する

粗熱を取って密封容器に入れ、ひと晩冷凍する。これで「豆乳アイスの素」が完成。

かんたんアレンジ

なたね油の量は、大さじ1だとさっぱり味に、大さじ2だとクリーミーに仕上がる。

バニラエクストラクトの代わりに、ラム酒小さじ1と1/2や、シナモンパウダー少々でもよい。

おいしい食べ方

パリパリチョコソース（P.102）をかけて（P.92）。甘夏クラッシュゼリー（P.12）[a]やコーヒーゼリー（P.14）と一緒に。

● アレンジアイス

ラズベリーアイスクリーム

なたね油を入れればアイスクリーム、入れない場合はシャーベットとして楽しめます。

2分

材料（3人分）

豆乳アイスの素（P.94）
　…レシピの半量（約200g）

Ⓐ 冷凍ラズベリー…100g
　はちみつ（またはアガベシロップ）
　　…大さじ1
　なたね油（なくてもよい）
　　…小さじ2

■ 作り方

豆乳アイスの素をカットして、Ⓐと共にフードプロセッサーへ入れ〈a〉、なめらかになるまでかくはんする〈b〉。

おいしいアレンジ

冷凍ラズベリーの代わりに【冷凍ブルーベリー100g＋レモン果汁小さじ1】を使って同様に作れば「ブルーベリーアイスクリーム」。

● アレンジアイス

チョコレートアイスクリーム

ピーナッツペーストはなくても大丈夫ですが、入れると濃厚なチョコ味になります。

2分

材料（4人分）

豆乳アイスの素（P.94）…レシピ量

Ⓐ ココアパウダー…15g
　ピーナッツペースト…小さじ2
　メープルシロップ…大さじ1
　なたね油（なくてもよい）…大さじ1

＊なたね油は入れるとコクが出る

■ 作り方

豆乳アイスの素をカットして、Ⓐと共にフードプロセッサーに入れ、なめらかになるまでかくはんする。

おいしいアレンジ

最後に生チョコ（P.58）を入れて10秒ほどかくはんすると「Wチョコアイス」になる。ラムレーズン（P.102）40gを加えてもおいしい。

「豆乳アイスの素」があれば、半分チョコ、半分ラズベリーなんてワザもすぐできます！

Q ラズベリーアイスは生のラズベリーでもいいですか？

生を使う場合は、凍らせてから使いましょう。

{ アイスクリームのかんたんアレンジ }

「豆乳アイスの素」と材料をフードプロセッサーに入れるだけ。
フルーツも冷凍しておくと便利です。

キャラメルナッツ
アイスクリーム

抹茶アイスクリーム

抹茶アイスクリーム
風味豊か。上品に仕上がります。

【 材料 】（4人分）
豆乳アイスの素（P.94）…レシピ量
Ⓐ 抹茶…5g
　 メープルシロップ…大さじ1
　 なたね油（なくてもよい）…大さじ1

【 作り方 】
豆乳アイスの素をカットして、Ⓐと共にフードプロセッサーに入れ、なめらかになるまでかくはんする。

キャラメルナッツアイスクリーム
香ばしいナッツとの相性は抜群。

【 材料 】（4人分）
豆乳アイスの素（P.94）…レシピ量
キャラメルナッツ（P.103）…レシピ量

【 作り方 】
豆乳アイスの素をカットして、フードプロセッサーでなめらかになるまでかくはんし、キャラメルナッツを加え、さらに10秒ほどかくはんする。

いちごアイスクリーム

マンゴーアイスクリーム

白ごまアイスクリーム

マンゴーアイスクリーム
かわいい色に旨味もたっぷり！

【材料】（4人分）
豆乳アイスの素(P.94)…レシピの半量（約200g）
A｜冷凍マンゴー…150g
　｜はちみつ（またはアガベシロップ）…大さじ1
　｜なたね油（なくてもよい）…大さじ1
　｜レモン果汁…小さじ1（5g）

【作り方】
抹茶アイスクリームと同様にして作る。

白ごまアイスクリーム
ごま好きにはたまりません。

【材料】（4人分）
豆乳アイスの素（P.94）…レシピ量
A｜白ねりごま…20g
　｜メープルシロップ…大さじ1
　｜白ごま油（なくてもよい）…大さじ1

【作り方】
抹茶アイスクリームと同様にして作る。

いちごアイスクリーム
手作りならではのおいしさ！

【材料】（4人分）
豆乳アイスの素（P.94）
　　　　…レシピの半量（約200g）
A｜冷凍いちご…150g
　｜はちみつ（またはアガベシロップ）…大さじ1
　｜なたね油（なくてもよい）…大さじ1

【作り方】
抹茶アイスクリームと同様にして作る。

ココナッツアイスクリーム

● アレンジアイス

豆乳アイスの素にココナッツミルクを加えるアレンジ。香りとコクが増し、南国のフルーツとよく合います。

材料（4人分）

- Ⓐ 豆乳…200g
  - くず粉（粉末）…10g
  - てんさい糖…45g
  - 塩…ひとつまみ
- ココナッツミルク（またはココナッツクリーム）…200g
- なたね油…大さじ1（ココナッツクリームのときはなくてよい）

1 Ⓐを鍋に入れ、泡立て器でよく混ぜてダマをなくす（固形のくず粉を使う場合は、加熱前に茶こしでこす）。

2 1を中火にかけ、木べらで絶えず混ぜながら沸騰させ、弱火にして、常にフツフツしている状態で5分加熱する。

3 弱火のままココナッツミルクを少しずつ入れてはよく混ぜ、なたね油も加え、全部入ったら火を止める。粗熱を取って密閉容器に入れ、ひと晩冷凍する。

4 でき上がった「ココナッツアイスの素」をカットし、フードプロセッサーでなめらかになるまでかくはんする。

15分
2分

紫芋アイスクリーム

「ココナッツアイスの素」を使った、人気のアレンジ。

【 材料 】（4人分）
- ココナッツアイスの素…レシピ量
- Ⓐ 紫芋パウダー…20g
  - はちみつ（またはアガベシロップ）…大さじ1
  - なたね油（なくてもよい）…大さじ1

【 作り方 】
アイスの素をカットして、Ⓐと共にフードプロセッサーに入れ、なめらかになるまでかくはんする。

＊豆乳アイスの素（P.94）で作ってもよく、ラム酒小さじ1を入れてもおいしい。

おいしいアレンジ

3でアーモンドエクストラクト小さじ1を入れると「ココナッツ杏仁アイスクリーム」になる。仕上げに刻んだ冷凍パイナップルや冷凍マンゴーを混ぜてもおいしい。

Q 豆乳なしで作りたいのですが。

ココナッツミルクだけでもできますし、豆乳の代わりにライスドリンクやナッツミルクを使って作るとクセがなく、おいしくできます。

かんたんに作れて
あると大活躍！

アイスの友

キャラメルクリームソース

【 材料 】（作りやすい分量）

Ⓐ てんさい糖…45g
　水…大さじ1

Ⓑ 豆乳…100cc
　塩…少々

【 作り方 】

1. 小鍋にⒶを入れてよく混ぜ、中火にかける。大きな泡が出てきて茶色く色づいてきたら火を止め、Ⓑを加える。
2. 弱火にかけ、スプーンで鍋についたてんさい糖を落としながら沸騰させ、軽いとろみがつくまで弱火で約2分煮詰め、熱いうちに保存ビンに入れる。
3. ひと回り大きなボウルに水を張って2を入れ、スプーンなどでかき混ぜながら冷ます。粗熱が取れ、なめらかになってツヤが出たら完成。

パリパリチョコソース

【 材料 】（作りやすい分量）

ココナッツオイル…50g
ココアパウダー…25g
メープルシロップ…25g

【 作り方 】

ビンに溶かしたココナッツオイル、ココアパウダー、メープルシロップの順に入れ、そのつどよく混ぜる。

＊冷蔵庫に入れるとかたまってしまうので、常温に置くこと。

ラムレーズン

【 材料 】（作りやすい分量）

ドライレーズン…好きなだけ
ラム酒…レーズンの20％くらい

【 作り方 】

ビンにレーズンを詰め、ラム酒を注ぐ。フタをしてときどき返しながら、一週間以上置けば完成。長く漬けたほうが味がまろやかになる。使い終わったバニラビーンズのさやなども一緒に漬けておくと、香り高く仕上がる。

パリパリチョコソース
アイスにかけると
パリパリっとかたまる！

キャラメルクリームソース
アイスはもちろん
焼きたてパンにも。

ラムレーズン
混ぜるだけ。アイスや
クリームに合わせて。

キャラメルナッツ

【 材料 】（作りやすい分量）

お好みのナッツ
（スライスアーモンド・くるみなど）…80g
Ⓐ てんさい糖…45g
　水…大さじ1
　塩…少々

【 作り方 】

1　ナッツはクッキングシートを敷いた天板に並べ、160℃に温めたオーブンに入れ、10分ローストする。

2　小鍋にⒶを入れてよく混ぜ、中火にかける。大きな泡が出てきて茶色く色づいてきたら火を止め、1を一度に入れてからめ、クッキングシートに広げて冷ます。

＊材料のⒶの代わりに【メープルシロップ大さじ3＋塩少々】を使って同様に作ると「メープルナッツ」になる。

キャラメルナッツとメープルナッツ
お好みのナッツで作りましょう。

・・・

ビターチョコクッキー

【 材料 】（直径6cmの花型14枚分）

Ⓐ 薄力粉…70g
　ココア…30g
　アーモンドプードル…20g
　ベーキングパウダー…ひとつまみ

Ⓑ メープルシロップ…55g
　なたね油…30g
　塩…ひとつまみ

【 作り方 】

1　Ⓐをボウルに入れ、泡立て器でよくかき混ぜ、ダマを取る。

2　Ⓑを小さめのボウルに入れ、泡立て器でよく混ぜ、乳化させる。

3　2を1に加えて、へらで生地をひとまとめにし、2枚のラップで生地をはさみ、めん棒で厚さ3mmほどに伸ばし、型で抜き、竹串で穴を開ける。

4　型抜きした生地を、クッキングシートを敷いた天板に並べ、160℃に温めたオーブンに入れ、10分焼いたあと150℃に下げ、15分焼く。

ビターチョコクッキーとクッキークランチ
ビターチョコクッキーをくだけばクランチに。

PICK UP

アイスクリームのお話

牛乳と卵を使わないアイスをおいしく食べるための方法です。代用できるものがある材料も明記しました。自由に組み合わせて作ってください。

おいしくするコツ

夏場は食べる前に冷凍庫へ

かくはんしたアイスは、すぐに食べるとおいしいのですが、室温によっては大変溶けやすいときがあります。その場合、もう一度冷凍庫で冷やしかためるとよいでしょう。アイスクリームスクーパーで丸くすくいたい場合も、やわらかすぎるときれいにすくえませんので、この方法をおすすめします（落ち着いてゆっくり食べたい場合も）。

フードプロセッサーは連続で使わない

何種類ものアイスを続けてかくはんすると、フードプロセッサーの温度が上がってしまい、アイスが溶けやすくなります。一度かくはんしたら、少し間を空けてから次のアイスをかくはんしましょう。

カチカチアイスは食べる前に冷蔵庫へ

一般的なアイスと比べてとても油分が少なく、低糖なので、かくはんしたアイスを冷やしすぎるとカチカチに。そんなときは食べる前に冷凍庫から冷蔵庫へ移し、ちょうどよいかたさにすればおいしく食べられます。

賞味期限

でんぷんを使い、とろみをつけて作るアイスクリームなので、時間が経つと粉っぽくなってしまいます。アイスの素は、作ってから1カ月以内に使い切りましょう。
少し時間が経ってしまった場合は、バニラやチョコなどよりも、いちごやマンゴーなど、フルーツを使うアイスクリームにしたほうが、粉っぽさが気になりません。

代用品

くず粉がなければ

米粉やタピオカ粉でも代用できます。

フードプロセッサーがなければ

フォークでざくざくつぶしたり、ハンドブレンダーでも作れます。

フォークで

ハンドブレンダーで

大豆アレルギーの人は

ココナッツミルクや、ライスドリンク（お米のミルク）などで作ることができます。自然食品店に行けば、今はさまざまな植物性のミルクが置いてありますので、体質に合ったミルクを選びましょう。1種類のミルクより、2種類以上を合わせたほうがクセがなく、おいしいアイスクリームになります。P.100のココナッツアイスクリームの豆乳の部分を、別のミルクに代えて作るのがおすすめ。もちろん、それをアイスの素として、チョコレートアイスやフルーツアイスなど、さまざまなアレンジもできます。

なたね油がなければ

なたね油は、クセのない湯洗いのもの（なたねサラダ油）がおすすめですが、手に入らない場合、白ごま油や、グレープシードオイルでも同様に作れます。また、ココナッツオイル（溶かしたもの）を代用すると、より濃厚なアイスクリームができます。その場合、「アイスの素」を作る最後（P.95の3の工程）に、泡立て器でよく混ぜて、しっかり乳化させてから冷凍しましょう（ここがうまくいかないと、かくはんしたときにむしろザラザラになってしまいます）。

油をどうしても入れたくない人は

どうしても入れたくない場合は、くず粉の量を15gに増やして作り、できたアイスの素は、なるべくすぐに使うようにしましょう。

● 濃厚アイス

フローズンヨーグルト

> 豆乳ヨーグルトで作る、濃厚で口どけよいのアイス。

できたアイスをバットに移しても一度冷やし、お好みのジャムやソースを表面に広げると、すぐにかたまってマーブルアイスに。

このアイスは長く冷凍しても粉っぽくならず保存向き。もちろん、何もかけず、そのまま食べてもおいしい。

10分
2分

材料（4人分）

豆乳ヨーグルト…800g
はちみつ（またはアガベシロップ）…大さじ4
レモン果汁…小さじ1(5g)
なたね油…大さじ2

1. 豆乳ヨーグルトはコーヒーフィルターなどでひと晩水切りし、300g用意する。
   ＊豆乳ヨーグルトは800gをひと晩水切りすると300gくらいになる。

2. すべての材料をボウルに入れ、泡立て器でなめらかになるまでよく混ぜ合わせ、保存容器に入れて冷凍する。

3. 2を細かくカットし、フードプロセッサーでなめらかになるまでかくはんすれば完成。

＊表面にブルーベリージャム（ノンシュガー）を広げて、大きめのスプーンやアイスクリームスクーパーで縦に何回かすくうとマーブルアイスになる。

おいしいアレンジ
ブルーベリージャムの代わりに、オレンジジャムやいちごソース（P.75)、パリパリチョコソース（P.102）やキャラメルクリームソース（P.102）などをかけてもおいしい。キャラメルナッツ(P.103)やクッキークランチ(P.103)もよく合う。

Q 豆乳ヨーグルトを水切りしたら300g以下になってしまいました。 ⋯⋯⋯ 豆乳か豆乳ヨーグルトを足して300gにしましょう。

甘酒アイスキャンディー

● 型抜きアイス

甘酒の素で作る、火を使わないさっぱりアイスキャンディー。

濃縮タイプの甘酒で作る、混ぜてかためるだけのアイスキャンディー。クーラーのない白崎茶会では、夏にかかせないデザートです。

玄米甘酒はコクがあり、白米甘酒はクセのない味わいで、どちらで作ってもおいしい。型は製菓材料店やネットなどで購入できます。

10分

材料（6本分）

- 豆乳…300g
- 甘酒（濃縮タイプ）〈a〉…120g
- メープルシロップ…大さじ1

作り方

すべての材料を容器に入れてよく混ぜ合わせ〈b〉、アイスキャンディー型に入れて〈c〉、冷凍する。

＊アイスキャンデイー型がない場合は、チャイグラスやおちょこなどの割れにくい小さめの容器に入れ、少しかたまってきたところで、木の棒を差し、冷凍する（P.110）。製氷器やシリコン型などにかためて、途中で楊枝をさしてもかわいい。

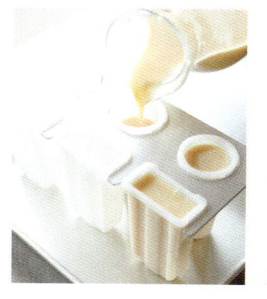

c 　b 　a

おいしいアレンジ

「甘酒黒ごまアイスキャンディー」

【材料】（6本分）
- 豆乳…300g
- 甘酒（濃縮タイプ）…120g
- 黒ねりごま…15g
- メープルシロップ…大さじ2

【作り方】
甘酒アイスキャンディーと同様に作る。

| **Q** アイスキャンディーが うまく外れません。 | ボウルにぬるま湯を入れ、アイスキャンディー型をサッとひたすと外れやすくなります。

{ アイスキャンディーのかんたんアレンジ }

チョコバナナ
なめらかチョコ味。

【 材料 】（6本分）
バナナ…正味150g
豆乳…150g
甘酒（濃縮タイプ）…120g
メープルシロップ…大さじ2
ココア…12g

甘酒フルーツアイスキャンディー

甘酒とフルーツはなぜかとっても好相性！

【 作り方 】　すべての材料をブレンダーかミキサーでよくかくはんし、アイスキャンディー型に入れて、冷凍する。ミックス味は、半分注ぎこんで冷凍し、最初の味がかたまってから、次の味を注ぐこと。

いちご×プレーン（甘酒）

チョコバナナ×パイナップル

パイナップル

いちごミルク

いちご×いちごミルク

キウイフルーツ

チョコバナナ

パイナップル
なつかしい甘酸っぱさ。

【材料】（6本分）
パイナップル…正味200g
甘酒（濃縮タイプ）…100g
豆乳…100g
メープルシロップ…大さじ1〜2

キウイフルーツ
すっきりクール。

【材料】（6本分）
キウイフルーツ…正味200g
甘酒（濃縮タイプ）…100g
豆乳…100g
メープルシロップ…大さじ2

いちご
シャキシャキいちご味。

【材料】（6本分）
いちご…正味300g
甘酒（濃縮タイプ）…100g
メープルシロップ…大さじ1

いちごミルク
甘くてミルキー。

【材料】（6本分）
いちご…正味150g
豆乳…150g
甘酒（濃縮タイプ）…120g
メープルシロップ…大さじ1

{ アイスの食べ方 }

パフェ

アイスクリームは、かくはんしたあと、もう一度冷凍したものを使うと、きれいに盛りつけられます。ゼリーなどの溶けないものから盛りつけ、アイスは最後にのせましょう。

「ベリーパフェ」
真っ赤ないちごゼリー（P.8）
×
ヨーグルトホイップクリーム（P.51）
×
いちごアイスクリーム（P.99）
×
ラズベリーアイスクリーム（P.96）

「和パフェ」
抹茶アイスクリーム（P.98）
×
白ごまアイスクリーム（P.99）
×
さつま芋かん（P.28）
×
皮ごとこしあん（P.33）

アイスサンド

アイスクリームをバットで凍らせて型抜きし、ちょっと溶けたところをチョコクッキーではさんで、もう1回凍らせるとガチッとかたまります。

「いちごサンド」
いちごアイスクリーム（P.99）
×
ビターチョコクッキー（P.103）

「バニラサンド」
豆乳バニラアイスクリーム（P.92）
×
ビターチョコクッキー（P.103）

困ったときのお助けメモ

各レシピで紹介したよくある質問のほかに、教室でよく受ける質問をまとめました。

Q 固形タイプのくず粉しか手に入らず、毎回、茶こしでこすのが面倒です。

まとめてフードプロセッサーにかけて保存しておけば、粉末タイプと同じように使えます。

Q プリンにダマができてしまいました。

くず粉がしっかり溶けていなかった、またはくず粉が鍋底についてしまい、それが入るとダマになります。その場合は、煮上がったプリン液をザルなどでこしてから冷やしかためると、なめらかに仕上がります（うまく煮えたものより仕上がりはゆるくなります）。

Q プリンがなめらかに仕上がりません。

くず粉が煮足りないと、弾力やツヤがなく、もったりした仕上がりになり、味が落ちるのも早くなってしまいます。常にフツフツしている状態を保って、しっかり煮ましょう。

Q 粉寒天の代わりに棒寒天でもできますか？

棒寒天を使う場合は、粉寒天小さじ1（2g）に対し、棒寒天1/2本（4g）を、たっぷりの水にひと晩つけて、よく搾って細かくし、300ccの水でしっかり煮溶かし、レシピ量の水分まで煮詰めて使ってください。

Q 木べらとシリコンべら、使い分け方を教えてください。

くず粉が多いプリンやババロア、アイスクリームなどは、鍋底をしっかりこすりながら加熱できる木べらがおすすめです。シリコンベラは、小さい鍋などでサッと煮るときに小回りがきき、材料を混ぜるときや、移すときに便利です。

Q 甘さの調節はできますか？

てんさい糖などの粉末の甘味料は、お好みで増やしたり、減らしたりすることができます。

Q メープルシロップとはちみつ、使い分け方を教えてください。

色をつけたくないとき、透明感を出したいとき、フルーツの水分や香りを引き出したいときは、はちみつ（またはアガベシロップ）。コクを出したいとき、ココアや抹茶などを上手に溶かしたいときは、メープルシロップを使います。

Q プリンやアイスクリームを2倍量作るとき、加熱時間は同じですか？

2倍量で作りたいときは、長めに加熱してください。水分の蒸発率が低いと、プリンはかたまりにくく、アイスクリームは水っぽくシャーベットのような仕上がりになってしまいます。

Q 生チョコやクリーム類が溶けてしまいます。

ココナッツオイルを使ったデザートは、24℃以上でやわらかくなってしまいます。室温が高いときは、冷蔵庫（生チョコは冷凍庫）へ入れ、しっかりかたくして、食べる直前に出しましょう。

Q 液体の甘味料の調節はできますか？

液体の甘味料は、増やしたり、減らしたりすると、ゼリーがかたまりにくくなったり、ココアがうまく溶けなかったりすることがあります。液体の甘味料を増減したときは、その分、材料の中の水を増減して調節しましょう。

◎ デザート作りに役立つ7つ道具

- **フードプロセッサー** 写真は「Cuisinart」DLC-10PLUS（販売終了）
- **バット** フタつきホーローの浅型・深型が大活躍
- **へら** 木べらとシリコンべら
- **はかり** デジタル式がおすすめ
- **小鍋** ステンレス製が軽くて扱いやすい
- **キッチンタイマー** 時間計測とうっかり忘れ防止に
- **泡立て器** 大小あると便利

フードプロセッサーは、ミキサーやハンドブレンダー（場合によってはフォーク）などでも代用できます。バットは、フタつきが重宝します。くず粉を煮溶かすときは、鍋底に粉がつかないよう、木べらを使うようにしましょう。

◎材料紹介

おいしいデザートは、おいしい材料から。材料選びのポイントをご紹介します。

基本の材料

【甘味料】

レシピのてんさい糖は、すべてメープルシュガー、ココナッツシュガーに代えて作ることができます。同様に、はちみつは、アガベシロップ、メープルシロップに代えることができます。

アガベシロップは、砂糖の1.3倍ほどの甘さをもちながら、もっともGI値（体内に取り入れたときの血糖値の上昇率を表す指標）が低く、虫歯の原因にもなりにくい天然の甘味料。味にクセがなく、色も薄いため、透明感が大切なゼリーや、白く仕上げたいプリンなどに使うと、おいしくきれいに仕上がります。また、素材の香りを引き出す「フレーバー効果」があり、フルーツの香りを引き出してくれます。はちみつは、「アカシアのはちみつ」を使うと、アガベシロップと同様の効果があり、おすすめ。ココナッツシュガーも同様に低GIで、黒砂糖のようなコクがある甘味料です。

【油】

なたね油は、非遺伝子組み換え原料で、製造過程で薬品処理を行わないものを。圧搾一番搾り湯洗いのなたね油がおすすめで、「なたねサラダ油」と書かれた商品を使うと間違いありません。湯洗いしていない ものは風味が強いので、避けるようにしましょう。ココナッツオイルは、低温で精製し、化学薬品不使用のものを選びましょう。ココナッツの香りが強いタイプと無臭タイプがあり、料理には無臭タイプのほうがいろいろ使いやすい。左頁⑧のココナッツオイルは、無味無臭。

【くず粉】

くず粉は、本葛100％の化学処理をしていない伝統製法のものを。固形タイプと粉末タイプがありますが、粉末タイプが扱いやすくおすすめ。しっかり火を通すことでとろみが生まれ、動物性材料をまったく使わない「かんたんデザート」作りにかかせません。

【寒天】

動物性のゼラチンの代用として活躍する、海藻由来の材料です。添加物や化学処理のないものを選びましょう。粉末、棒状、糸状のものがあり、デザート作りには扱いやすい粉末タイプの「粉寒天」がおすすめ。寒天が溶ける温度は95℃と高いので、沸騰させた状態で加熱して、完全に煮溶かすことがポイントです。

ⓘ「オーガニックバージンココナッツオイル」
「オーガニック インスタント珈琲」（P.14）
むそう商事　http://www.muso-intl.co.jp/

ⓙ「有機エキストラバージンココナッツオイル」
ブラウンシュガーファースト
http://www.bs1stonline.com/　電話：0120-911-909（通販）

ⓚ「国産吉野本葛」オーサワジャパン
http://www.ohsawa-japan.co.jp/　電話：03-6701-5900

ⓛ「かんてんクック」伊那食品工業
http://www.kantenpp.co.jp　電話：0120-321-621

ⓜ「SOY DREAM」　販売：サラダボウル
http://www.organic-saladbowl.com/　電話：06-6378-2117

ⓝ「有機豆乳 無調整」マルサンアイ
http://www.marusanai.co.jp/　電話：0120-92-2503

ⓞ「バイオフーズ オーガニックココナッツミルク」
バイオフーズジャパン　電話＆FAX：03-3924-2114

ⓟ「玄米甘酒」「白米甘酒」マルクラ食品
http://www.marukura-amazake.jp/　電話：086-429-1551

ⓠ「ミトラティー　オーガニックジャスミンティー」（P.16）
リタトレーディング　http://www.ritatrading.co.jp
045-336-3567

ⓡ「豆乳の素」（P.60）コダマ健康食品
http://www.kodama-ks.com/　電話：0120-451-006

おすすめの材料

教室で使っているおすすめの材料です。それぞれの材料の問い合わせ先は、下記に掲載しています。材料選びの参考にしてください。

メープルシロップ	はちみつ・アガベシロップ	ココナッツシュガー	てんさい糖・メープルシュガー

豆乳	粉寒天	くず粉	ココナッツオイル	なたね油（湯洗い）

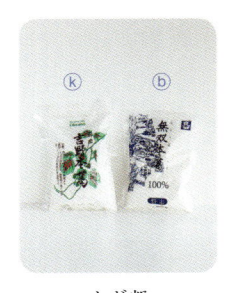

ジャム（砂糖不使用）	バニラビーンズ	ココア	甘酒（濃縮）	ココナッツミルク・ココナッツクリーム

ⓐ 「メープルシュガー」（新装化予定）メープルファームズジャパン
　http://maple-farms.co.jp/　電話：06-6313-3101

ⓑ 「北海道産 てんさい含蜜糖」「圧搾一番搾り 純正なたねサラダ油」
　「圧搾一番搾り 国産なたねサラダ油」「無双本葛100％ 粉末」
　「オーガニックココナッツクリーム」「オーガニックブラックココア」
　ムソー　http://muso.co.jp/　電話：06-6945-5800

ⓒ 「北海道産てんさい含蜜糖粉末タイプ」陰陽洞
　http://in-yo-do.com　電話：046-873-7137

ⓓ 「ハニーココナッツ」ディアンタマを支える会
　http://www.geocities.jp/yasizato/　電話：042-555-9514

ⓔ 「ココナッツシュガー」ココウェル
　http://www.cocowell.co.jp/　電話：0120-01-5572

ⓕ 「ジロロモーニ純粋アカシア蜜」創健社
　http://www.sokensha.co.jp　電話：0120-101702

ⓖ 「アガベシロップ」「ココナッツオイル」「バニラビーンズ」
　「ハイビスカスティー」（P.11）「アーモンドエキストラクト」（P.24）
　「ピーナッツバタースムース」（P.60）
　「バニラエクストラクト」（P.94）テングナチュラルフーズ／アリサン
　http://www.alishan-organics.com　電話：042-982-4811

ⓗ 「アレガニ　メープルシロップ」
　「アビィ・サンフィルム　オレンジジャム」
　「アビィ・サンフィルム　ブルーベリージャム」
　「ビオピュール　穀物コーヒー」（P.14）ミトク
　www.31095.jp　電話：0120-744-441

おわりに

「今日はおいしいりんごがあるよ」

幼いころ、私をかわいがってくれていた人が言いました。

その人を小さな私は「ママさん」と呼んでいたのですが、

その日は、ママさんが編んだ毛糸のチョッキを着せられ、

食事をしていましたから、きっと寒い日だったのでしょう。

りんごをかじると、甘くてキンキンに冷えた果汁が

シャーッと口の中に広がって、本当においしかったのです。

一番おいしかったデザートは何かと、ずっと考えていましたが、

どうも、あのときのりんごのような気がします。

こんなにたくさんのデザートを紹介しておきながら、

自分は、りんごが一番とは……。

でもきっと、子どものころの食べ物の思い出にはかないません。

記憶の中で、どんどんおいしくなっていくのですから。

生まれてから一度もアイスクリームを食べたことがない女の子や、
食べられないプリンを枕元に置いて寝ているという小さな男の子。
そんな話を聞くたびに、胸の奥がギュッとなり、
闘志にも似た思いを抱いて、試作を重ねてきました。
うまく言葉にできませんが、
私も私なりの方法で、誰かに「りんご」を渡せるかもしれないと、
そんな気持ちでこの本にまとめました。
もっとも大切ではないけれど、あると少しだけ幸せになる、
そんな「デザート」を、あなたもぜひ作ってみてください。

最後に、カメラマンの寺澤さん、デザイナーの山本さん、
スタイリストの智代さん、布小物の工藤さん、編集の中村さん、
今回も夢のような世界を作ってくださり、ありがとうございました。
みなさんの力なくしては、一歩も前に進めませんでした。
梟城のみんなも、いつにもましてありがとう！

かんたんデザート
なつかしくてあたらしい、
白崎茶会のオーガニックレシピ

2014年6月27日第1版第1刷発行

著者　白崎裕子

撮影：寺澤太郎
デザイン：山本めぐみ　松原りえ（EL OSO LOGOS）
スタイリング：高木智代
校正：大谷尚子
編集：中村亜紀子

調理助手：橋本 悠　菊池美咲

食材提供：陰陽洞
器協力：熊谷定男　ミヤジサナエ（吹きガラス）　白倉えみ（器）
布小物：工藤由美（FabricsY）
梟のマーク：神山 順
協力：伊藤由美子　八木 悠　鈴木清佳　田口 綾　白崎和彦
　　　菜園野の扉　アロハス株式会社

発行者　玉越直人

発行所　WAVE出版
〒102-0074 東京都千代田区九段南 4-7-15
TEL:03-3261-3713　FAX:03-3261-3823
振替 00100-7-366376
info @ wave-publishers.co.jp
http://www.wave-publishers.co.jp

印刷・製本　中央精版印刷

© Hiroko Shirasaki, 2014 Printed in Japan

本書はPP（ポリプロピレン）カバーを使用しています。

落丁・乱丁本は送料小社負担にてお取り替えいたします。
本書の無断複写・複製・転載を禁じます。

ISBN978-4-87290-683-7　NDC596 119P 26cm

白崎裕子　しらさき ひろこ

東京生まれ（埼玉育ち）。逗子市で30年以上続く自然食品店「陰陽洞」主催のパン＆お菓子教室「インズヤンズ茶会」の講師を経て、葉山の海辺に建つ古民家で、オーガニック料理教室「白崎茶会」を開催。予約の取れない料理教室と知られ、全国各地からの参加者多数。岡倉天心、桜沢如一、森村桂を師と仰ぎ、日々レシピ製作と教室に明け暮れる毎日。座右の銘は「魂こがしてカラメルこがさず」。著書に『にっぽんのパンと畑のスープ』『にっぽんの麺と太陽のごはん』『かんたんお菓子』（WAVE出版）、料理DVD『魔女のレシピ』（アロハス株式会社）がある。
HP「インズヤンズ梟城」
http://shirasakifukurou.jp